EXERCÍCIOS JURÍDICOS EM MATÉRIA CRIMINAL

ANTÓNIO PIRES HENRIQUES DA GRAÇA
Juiz Desembargador
Mestre em Direito

EXERCÍCIOS JURÍDICOS EM MATÉRIA CRIMINAL

TESTES DE DIREITO PENAL E PROCESSUAL PENAL PORTUGUÊS
– PARA ESTUDANTES E LICENCIADOS –

ALMEDINA

TÍTULO:	EXERCÍCIOS JURÍDICOS EM MATÉRIA CRIMINAL
AUTOR:	ANTÓNIO PIRES HENRIQUES DA GRAÇA
EDITOR:	LIVRARIA ALMEDINA – COIMBRA www.almedina.net
LIVRARIAS:	LIVRARIA ALMEDINA ARCO DE ALMEDINA, 15 TELEF. 239 851900 FAX 239 851901 3004-509 COIMBRA – PORTUGAL livraria@almedina.net
	LIVRARIA ALMEDINA ARRÁBIDA SHOPPING, LOJA 158 PRACETA HENRIQUE MOREIRA AFURADA 4400-475 V. N. GAIA – PORTUGAL arrabida@almedina.net
	LIVRARIA ALMEDINA – PORTO RUA DE CEUTA, 79 TELEF. 22 2059773 FAX 22 2039497 4050-191 PORTO – PORTUGAL porto@almedina.net
	EDIÇÕES GLOBO, LDA. RUA S. FILIPE NERY, 37-A (AO RATO) TELEF. 21 3857619 FAX 21 3844661 1250-225 LISBOA – PORTUGAL globo@almedina.net
	LIVRARIA ALMEDINA ATRIUM SALDANHA LOJAS 71 A 74 PRAÇA DUQUE DE SALDANHA, 1 TELEF. 21 3712690 atrium@almedina.net
	LIVRARIA ALMEDINA – BRAGA CAMPUS DE GUALTAR UNIVERSIDADE DO MINHO 4700-320 BRAGA TELEF. 253 678 822 braga@almedina.net
EXECUÇÃO GRÁFICA:	G.C. – GRÁFICA DE COIMBRA, LDA. PALHEIRA – ASSAFARGE 3001-453 COIMBRA Email: producao@graficadecoimbra.pt
	JULHO, 2003
DEPÓSITO LEGAL:	198586/03
	Toda a reprodução desta obra, por fotocópia ou outro qualquer processo, sem prévia autorização escrita do Editor, é ilícita e passível de procedimento judicial contra o infractor.

À LUZ

PREFÁCIO

Foi um mero acaso – (convite que me foi dirigido para integrar o júri de provas orais dos candidatos a ingresso no Centro de Estudos Judiciários, na área penal) – que me levou a organizar estes exercícios jurídicos em matéria criminal, que são testes de aplicação de direito penal e de processo penal português.

A publicação deste livro, destina-se a poder, de algum modo, ajudar os estudantes de Direito Penal e de Processo Penal, a familiarizarem-se com questões práticas de âmbito jurídico-criminal.

Destina-se também a todos os licenciados interessados pela temática jurídico-criminal, mormente àqueles que, para efeitos de concursos públicos, para ingresso em determinadas carreiras profissionais, tenham de prestar provas na área jurídico-criminal.

Tais testes, podem ser, em grande parte uma espécie de revisão de matérias, em que, por vezes, a solução parecendo complexa, é, no entanto, simples, dependendo do menor ou maior à vontade que se tenha no domínio das matérias em análise, exigindo, assim, obviamente, o conhecimento dos conteúdos integrantes da problemática, e, por conseguinte, da parte do sistema legal jurídico-criminal português aplicável ao caso.

Não se apontaram as soluções dos casos práticos, quer porque o Direito, não pertence ao domínio das ciências exactas, e a solução de determinados problemas como são equacionados, pode depender da perspectiva interpretativa dos mesmos, quer porque será eventualmente mais frutífero, deixar a decisão ao saber fundamentado, aos interessados – quer apreciando individualmente, quer em grupo –, na resolução convicta de cada problema, pela conjugação da doutrina com o texto legal e, certamente, que ambos, não deixarão de ser consultados, o que fortalecerá a compreensão, e, convicção crítica dos conhecimentos adquiridos.

Coimbra, Junho de 2003

ANTÓNIO PIRES HENRIQUES DA GRAÇA
Juiz Desembargador
Mestre em Direito

1.

Um indivíduo de 15 anos apoderou-se, num bar, de um sumo de fruta que começou a beber, porque estava cheio de sede e, ia-se embora sem pagar.

O empregado do bar agarrou-lhe no braço, com força, para não fugir, e chamou a polícia.

Apareceu um polícia fardado, que identificou o referido indivíduo e, levou-o detido à presença do Ministério Público.

Como valora juridicamente a conduta dos intervenientes, quer do ponto de vista criminal, quer processual?

2.

Um cidadão estava a agredir outrem, à bofetada, num local ermo da via pública.

Veio então um terceiro que, para por cobro à contenda, quis separá-los mas, não conseguiu. Começou então a bater no agressor, afim de que a vítima não fosse mais agredida e, pudesse escapar.

Que comentários se lhe oferecem em termos de responsabilidade criminal?

3.

Um jovem conduzia pela metade direita da faixa de rodagem o seu motociclo, quando, de repente, um cão se atravessou à sua frente, fazendo despistar o veículo que foi embater na porta de uma casa, destruindo-a.

O dono da casa apresentou queixa contra o condutor do motociclo. Que ilícito é que cometeu? Justifique.

4.

Um caçador, no exercício da caça, viu um vulto detrás das ramagens de uns arbustos e, disparou, pensando tratar-se de uma perdiz, quando, afinal, era outro caçador que passava naquele momento por detrás dos arbustos e que, assim, foi mortalmente atingido.

Veio a autoridade policial, lavrou o auto da ocorrência e, deteve o caçador que levou à presença do Ministério Público de turno, pois era manhã de Sábado, deixando, porém, a espingarda de caça, cartucheira e cartuchos no local.

O Ministério Público mandou, então, apresentar o auto com o detido ao Juiz para julgamento em processo sumário.

Que comentários pretende fazer à situação descrita?

5.

Uma camioneta, carregada de batatas, circulava à velocidade de 30 km/hora numa estrada do Alentejo, e, o condutor que ia a ouvir o rádio, despreocupado, pois a estrada era uma recta, foi atropelar meia dúzia de ovelhas de um rebanho que, a cerca de 100 metros começara a atravessar aquela estrada.

Que ilícito terá cometido o condutor da camioneta? Justifique.

6.

Um ancião descia a Av. da Liberdade, quando, ao sentir-se escorregar, agarrou-se, para não cair, à saia de uma senhora que ali passava naquele momento.

Em consequência desse acto, rasgou a saia da senhora, e a saia caiu no chão.

A senhora, sentindo-se ofendida, apresentou queixa contra o ancião.

Como enquadra a ilicitude? Justifique.

7.

Numa rua pública de sentido proibido, seguia a pé uma jovem donzela, levando o seu cão a passear.

Apareceu então um agente de autoridade que, disse à jovem donzela que a mesma estava a infringir a lei.

Que infracção ou infracções estaria a praticar a jovem donzela? Justifique.

8.

Um praticante de futebol estava a treinar num jardim quando, ao dar mais um pontapé na bola, esta foi atingir um candeeiro de iluminação pública, estilhaçando a lâmpada que, caiu em fragmentos, atingindo a cara de uma pessoa que ia a passar naquele momento.

Como equaciona a responsabilidade criminal desse futebolista?

9.

Supondo que o Código Penal é um edifício, como delimita os seus alicerces?

10.

A, combinou com **B,** irem "assaltar" uma loja. Mas, para isso, precisavam de um pé-de-cabra para arrombar a porta, sem o qual não conseguiriam abrir a porta. Pediram então a **C,** que lhes emprestasse o seu pé-de-cabra, o que conseguiram, após lhe terem explicado o motivo da necessidade do mesmo.

Como integra criminalmente a actuação de todos os agentes? Justifique.

11.

Como se distingue o dolo da negligência?

12.

Entre uma pena e uma medida de segurança, que semelhanças e diferenças se lhe oferece explicitar?

13.

Um juiz, após ter julgado um arguido que vinha acusado do crime de injúrias a um particular, condenou-o pelo crime e escreveu na sentença que em virtude do assistente ter declarado em audiência que já tinha sido indemnizado, lhe perdoava toda a pena.

Que acha de tal decisão?

14.

Um grupo de cidadãos, insatisfeitos com a actuação de determinados responsáveis públicos, resolveram cortar uma estrada, impedindo o trânsito, como protesto pela actuação dos aludidos responsáveis.
Que comentário jurídico se lhe oferece fazer?

15.

Um grupo de estudantes, descontentes com o funcionamento escolar, trancaram os acessos da Escola que frequentavam, fechando as portas com cadeados, impedindo qualquer pessoa de entrar nessa Escola, e, deram uma entrevista à comunicação social a explicar que praticaram tal acto como forma de protesto para serem ouvidos a bem da Escola.
Como define juridicamente o comportamento dos estudantes? Porquê?

16.

A, atropelou B, quando conduzia o seu velocípede com motor sem prestar atenção à estrada, sabendo que aquela estrada tinha muito trânsito. O Ministério Público, com tal fundamento, deduziu acusação por um crime involuntário, alegando que o arguido agiu voluntária e intencionalmente, conhecendo a ilicitude da sua conduta.
O juiz recebeu a acusação, realizou a audiência de discussão e julgamento e, condenou o arguido em conformidade com a acusação.
Haverá fundamento para recorrer? Porquê?

17.

Findo um determinado inquérito, e proferida acusação, foi requerida a abertura de instrução e a realização de diligências.

O Mmo Juiz de instrução criminal declarou aberta a instrução e. indeferiu as diligências requeridas.

O requerente da abertura de instrução recorreu com o fundamento de que ficava prejudicada a estrutura acusatória do processo criminal garantida pelo artº 32º nº 1 da Constituição da República Portuguesa.

Teria razão?

Justifique a resposta.

18.

Após ter sido proferido despacho de pronúncia de uma arguida, veio ela requerer a produção de outras provas que demonstrariam a sua inocência.

O processo já tinha sido remetido para julgamento, mas o Mmo Juiz do julgamento tendo em conta o princípio da investigação da verdade material e, o disposto no artº 340º nº 1 do Código de Processo Penal, devolveu o processo ao Mmo Juiz de instrução para realizar as diligências.

Poderia fazê-lo?

Diga porquê.

19.

Um arguido após ter sido notificado de que tinha sido pronunciado, recorreu do mesmo por não concordar com a incriminação.

Qual o despacho subsequente? Justifique.

20.

Pode haver recurso de um despacho que não admita um recurso? Porquê?

21.

Como se integram as lacunas em processo penal?

22.

Suponha que estava a decorrer o prazo da apresentação da contestação do arguido à acusação, quando entretanto foi publicada e entrou imediatamente em vigor, uma lei que encurtava o prazo da apresentação da contestação.

Quid Juris?

23.

Suponha que no dia em que o arguido apresentou a sua contestação, foi publicada e entrou imediatamente em vigor uma lei que ampliava o prazo da apresentação da contestação?

Pode o arguido, aproveitando esse prazo, vir apresentar nova contestação? Justifique.

24.

Em que momento pode o arguido apresentar a sua contestação?

25.

O cidadão **J,** encontrava-se acusado pelo crime p. e p. no artº 163º nº 1 do Código Penal e, já depois de ter sido produzida a prova em audiência de discussão e julgamento, a ofendida declarou que desistia da queixa.
Que relevância tinha essa desistência?

26.

O cidadão holandês **K,** encontrava-se acusado pelo crime p. e p. pelo artº 163º nº 1 do C.Penal, praticado a bordo de um navio português que, na altura, se encontrava em cruzeiro já perto das Bermudas.
Será o tribunal português competente para o julgar?
Se fosse o tribunal português, qual o tribunal competente em razão da estrutura?

27.

Uma mãe desnaturada, abandonou o filho com 15 dias de idade, junto à porta de um infantário, de madrugada.
Quando abriu a Instituição, verificou-se que o bebé tinha apanhado uma forte pneumonia.
Descoberta a mãe, foi de imediato detida.
Verificou-se que fazia serviço de limpeza num infantário de outra localidade.

Exercícios Jurídicos em Matéria Criminal   17

A detenção foi válida? Devia ser-lhe aplicada alguma medida de coacção? Qual, e porquê?

28.

O cidadão **C,** que conheceu a cidadã **D,** de 20 anos de idade, na discoteca, á saída, praticou nela o crime p. e p. no artº 165º do CPenal, pois que a mesma encontrava-se incapaz de resistir devido a ter ingerido várias bebidas alcoólicas.

D, apresentou queixa.

Qual o tribunal em razão da estrutura competente para o julgamento?

Entretanto o Ministério Público requereu o julgamento de **C,** em tribunal singular.

Após a acusação, **C,** e **D,** iniciaram namoro.

D, então, desistiu da queixa.

Terá havido julgamento? Porquê?

29.

O cidadão **A,** desempregado, atiçou um cão contra a senhora **B,** industrial abastada, por esta não lhe ter dado emprego numa das suas empresas.

O cão somente embateu em **B,** causando-lhe ligeira equimose, porque **B** bateu com a sombrinha que levava, no cão, para o afugentar.

Acusado **A,** e submetido a julgamento, o defensor de **A,** alegou a sua inocência com fundamento no artº 11º do Código Penal.

Quid Juris?

Que crime terá cometido? Justifique.

30.

A, **B**, e **C**, amigos, para comemorarem o fim da época de caça desse ano, almoçaram conjuntamente umas perdizes e, vieram a ser acusados pelo Ministério Público por se terem apoderado dessas perdizes que eram pertença de **D**, sendo que na verdade, provou-se em julgamento que **A**, subtraíra a **D**, contra a vontade deste, várias perdizes que **D**, havia caçado e, que **B**, e **C**, desconheciam, pensando serem pertença de **A**.

Que sentença teria proferido o juiz? Porquê?

31.

A, militante de um determinado partido político e, brilhante orador, que transformava as praças das cidades em locais de grandes comícios, continuou a apregoar publicamente as ideias do seu partido, apesar de este ter sido declarado extinto, por inconstitucionalidade, pois que a lei não fazia qualquer restrição ao livre uso da liberdade de expressão, ajuntando-se sempre elevado número de pessoas para o ouvir e que ficavam perturbadas por ter sido extinto o partido de tal militante.

Por isso, a entidade competente requereu que se aplicasse uma medida de segurança criminal, ao brilhante orador, face à perigosidade demonstrada na perturbação da ordem pública.

Que resposta e que fundamentação aduziria se tivesse que despachar o requerimento?

32.

B, tinha sido condenado em pena de multa e, nas custas do processo, pela prática de certo crime.

A sentença transitara em julgado.

B, porém, apesar de notificado, nada pagou, razão pela qual lhe foi instaurado processo de execução para pagamento da multa e custas.

E, foi ordenada a penhora de bens do devedor.

Quando o oficial de justiça se preparava para proceder à penhora, foi publicada uma lei nova que deixou de considerar crime o facto praticado por **B,** e que motivara a sua condenação.

Teria alguma influência essa lei nova na situação pendente? Justifique.

33.

C, encontrava-se num bar, já toldado pela cerveja que tinha ingerido, pelo que em determinada altura desequilibrou-se e, em acto reflexo, caiu para cima de **D,** que ficou com ligeiro hematoma.

C, cometeu algum crime? Justifique.

34.

No átrio de um cine-teatro, **C,** empurrou intencionalmente **D,** para este não se sentar no sofá pretendido por **C.**

D, ao ser empurrado, empurrou involuntariamente **E,** que entretanto se atravessara no caminho.

D, queixou-se criminalmente contra **C,** e, **E,** sabendo da queixa queixou-se também criminalmente contra **D,** por analogia.

Quid juris?

35.

J, fora condenado pela prática de determinado crime em pena de prisão.

J, interpôs recurso.

Estando o processo já no tribunal superior, foi publicada uma lei que entrou imediatamente em vigor e que, veio punir com pena de multa o crime por que fora condenado **J**.

Poderia o tribunal superior aplicar a nova lei? Justifique.

36.

F, fora condenado em pena de prisão pela prática de determinado crime. A sentença transitou em julgado.

No dia seguinte ao trânsito em julgado, entrou em vigor uma nova lei que punia o mesmo crime apenas com pena de multa.

F, apressou-se a requerer a substituição da prisão por multa.

Qual o resultado do requerimento? Porquê?

37.

J, encarregado de vigilância de uma reserva de caça, e que, por isso, vivia em local ermo, conservava em local visível da habitação, a sua espingarda de caça, que mantinha sempre carregada.

Um certo dia, quando **J,** não estava em casa, um seu filho de menor idade, depois de ter visto um filme de *cowboys*, ao passar pela arma, agarrou nela para a examinar melhor, mas, ao tocar no gatilho disparou a arma, indo o disparo atingir o seu vizinho **L,** que acabava de chegar do trabalho, e que ficou ferido, tendo de ser transportado ao hospital.

A GNR alertada pelo barulho do disparo, compareceu no local, apreendeu a espingarda e deteve **J**.

J, protestou, alegando nada ter a ver com a actuação do filho, tanto mais que nem estava em casa quando ocorreram os factos.

Como analisa a situação?

38.

M, acometida de dores de parto, dirigiu-se à maternidade onde foi prontamente observada por uma equipa de enfermagem que a enviou de imediato para a sala de cirurgia, por ser necessário efectuar com urgência, uma cesariana.

Contactado o cirurgião, que se encontrava no hospital, informou que estava a lanchar, após o que iria observar a paciente.

Mas, quando o cirurgião chegou à sala de operações, **M,** tinha acabado de falecer.

O marido de **M,** participou criminalmente contra o médico. Este alegou não ter cometido nenhum crime, pois que não se recusou a cumprir a sua função.

Comente jurídico-criminalmente a situação.

39.

O que entende por competência material e funcional dos Tribunais, em matéria penal, e por que disposições legais é regulada?

40.

O que é o crime continuado?

41.

O que é a competência territorial de um tribunal?

Quando é que um tribunal é territorialmente competente para conhecer de um crime?

42.

Uma menor de 16 anos entrou numa pastelaria e apoderou-se, sem autorização, de uma caixa de bombons que fez seus, no valor de 5 €.

Um agente de autoridade que ali se encontrava a tomar café, presenciou o facto e preparava-se para deter a menor pensando em levá-la a julgamento, depois de ter recuperado a caixa de bombons.

Contudo, a responsável pela pastelaria não mostrou interesse na punição da menor uma vez que recuperou a caixa de bombons.

Como enquadraria legalmente a situação?

43.

A, gerente de uma empresa de aluguer de veículos automóveis sem condutor, após um almoço de negócios relativos à mesma empresa, num afamado restaurante, regressava à empresa e foi interceptado pela brigada de trânsito que o submeteu a teste de álcool, tendo o resultado sido positivo e integrado a factualidade típica do art° 292° do CP.

Foi o gerente detido e, levado de imediato a julgamento.

O gerente alegou que não era responsável, mas sim a empresa, ao serviço da qual se encontrava.

Em que forma de processo teria sido o gerente julgado?

Deveria ser responsabilizada a empresa de que era gerente? Porquê?

44.

Num dia de caça, uma patrulha policial deteve, separadamente, 3 caçadores e, levou-os a julgamento:

O caçador **A**, no exercício da caça, ao encontrar-se num local em que tinha dúvidas se o poderia fazer, por não saber se nesse local era proibido ou permitido caçar, não deixou porém de disparar em direcção a uma bela perdiz, que à sua frente levantou voo e, intencionalmente disparou e, abateu a perdiz.

O caçador **B,** já estava farto de andar, e ainda não tinha visto qualquer peça de caça, pelo que resolveu entrar numa reserva de caça, para abater qualquer peça cinegética que surgisse, sabendo que não poderia ali caçar. Mal tinha acabado de entrar na reserva de caça, avistou um coelho, apontou e disparou, mas azar dos azares, o coelho escapou e, apareceram os agentes de autoridade.

O caçador **C**, apontou na direcção de uma lebre que estava a tentar libertar-se de uma cegonha, sabendo o caçador que naquela ângulo de tiro se atingisse a lebre, atingiria também a cegonha, como efectivamente aconteceu ao disparar a sua espingarda.

Como caracteriza a responsabilidade criminal dos caçadores submetidos a juízo? Justifique a resposta.

45.

Em determinada localidade, num dia de Inverno, em que a estrada em paralelepípedos era recta e, estava escorregadia, e havia uma placa a indicar formação de gelo, e outra a indicar piso escorregadio, **D,** conduzia o seu veículo automóvel despreocupado, a 50 Km/h, sem pensar que àquela velocidade e, com aquele estado do piso pudesse ocorrer algum acidente, mas ao travar porque avistou um cão a 100 metros, o automóvel desviou-se para a metade esquerda da estrada e e foi embater num ciclista que aí circulava e que, devido ao embate, caiu no chão, ficando com ligeiras escoriações num braço.

Passados segundos, surgiu o automobilista **E,** que circulava à velocidade de 40 Km/h e que se apercebeu a 100 metros, das mencionadas placas e, de um cão a caminhar junto à berma, prevendo como possível que podiam ocorrer acidentes, mas manteve a marcha por pensar que àquela velocidade não poderia ocorrer qualquer acidente.

Mas o cão invadiu a mão de trânsito de **E,** e este, ao travar, perdeu o domínio do veículo, que se despistou, e, foi apanhar de raspão o dono do cão que andava à procura do animal.

Como consideraria a actuação dos automobilistas? Com que fundamento?

46.

A, querendo atingir **C,** disparou em direcção a um vulto, que julgava ser **C,** quando afinal era **B.**

B, ficou ferido.

Quid Juris?

47.

Que entende por *aberractio ictus*?

Onde se encontra esta figura prevista na lei penal?

Exercícios Jurídicos em Matéria Criminal 25

48.

A, sabia que não podia caçar em reservas de caça, sem autorização, mas, um determinado dia dedicava-se ao exercício da caça num terreno que desconhecia ser reserva de caça, quando foi interceptado pela fiscalização.
Alegou que não sabia que caçava em reserva de caça.
Haverá responsabilidade criminal? Justifique.

49.

B, que sofria de anomalia psíquica, entrava habitualmente em jardins particulares, vedados ao público, apesar de ler a tabuleta afixada que proibia a entrada.
B, não queria intrometer-se no que não era seu. Entrava apenas para regar determinada espécie de plantas para que não secassem, pensando que assim estava a contribuir para a protecção do meio ambiente.
Se houvesse queixa contra B, em que termos deveria equacionar-se a responsabilidade de B?

50.

O que significa a expressão legal que os menores de 16 anos são inimputáveis, constante do artigo 19º do Código Penal?

51.

Apesar de **F,** ter sofrido várias condenações e, já ter cumprido diversas penas, apresentava comprovada incapacidade para ser influenciado pelas penas.

Que resposta oferece o sistema jurídico-penal para resolver a situação, se **F,** continuar a praticar crimes?

52.

Suponha que uma alteração legislativa ao Código de Processo Civil cominava o incumprimento de determinada norma com determinada pena.

Respeitou-se o princípio da legalidade? Porquê?

53.

A, queixou-se contra **B,** por este ter cortado várias árvores na propriedade daquele.

Mas **B,** alegou que **A,** não era proprietário das árvores.

O Tribunal suspendeu o processo.

Poderia fazê-lo? Justifique.

54.

Do ponto de vista processual, que é um tribunal penal?

Exercícios Jurídicos em Matéria Criminal 27

55.

Um avião da TAP encontrava-se a voar para o Brasil, já fora da zona aérea portuguesa, quando um americano bêbado bateu numa hospedeira, que, em consequência, necessitou de internamento hospitalar urgente, pelo que o avião teve de aterrar nas Ilhas Canárias, avisando previamente a torre de controlo.

Qual o tribunal competente para julgar o americano? Justifique.

56.

Um cidadão português combinou com um cidadão espanhol um transporte de droga, de Espanha para Portugal, que se concretizou, vindo a droga a ser apreendida em Portugal.

Em Portugal foi encontrado o espanhol e, em Espanha foi encontrado o português.

Qual o tribunal competente para o julgamento? Porquê?

57.

Quando **A,** se encontrava numa feira de artesanato, ao comprar uma peça em porcelana por 20 €, a **B, B,** seguidamente, propôs-lhe a venda de um anel em ouro para adulto, pelo mesmo preço, o que o **A,** aceitou por achar barato.

Terá **A,** cometido algum crime? Justifique.

58.

A, B, C, D, de comum acordo, resolveram "assaltar" uma loja de electrodomésticos na zona de Lisboa, para se apropriarem de electrodomésticos que depois venderiam, sendo o produto da venda distribuído por todos.

A, destruíra previamente as câmaras de vigilância para não serem identificados, enquanto **B, e C,** arrombavam a porta de entrada. Lá dentro, **D** arrombou as caixas registadoras e retirou-lhes o dinheiro que guardou para si, dizendo aos demais que estavam vazias, e que desistia do "assalto" e foi-se embora.

A, na posse de quase todos os objectos subtraídos, fugiu para a zona do Grande Porto onde vendeu a **E,** e a **F,** alguns desses objectos por preço inferior ao real, dizendo a **E,** qual a sua proveniência.

F, sabia que **A,** era operário na construção civil.

B, e C, que tinham ficado com poucos objectos de escasso valor, e, sabendo da ausência de **A**, tentaram ir ao seu encontro, e, para isso, chegaram a umas Bombas de Gasolina, e retiraram a um cliente a chave do seu veículo automóvel que ali estava a abastecer, após o que nele se puseram em fuga.

C, ia fazer 16 anos dias depois.

Todos os indivíduos referidos foram descobertos, e desencadearam-se vários processos em comarcas diferentes.

Todos eles são passíveis de responsabilidade criminal? A que propósito?

Justificava-se a existência de vários processos?

59.

Tinha sido deduzida acusação contra três arguidos, pela prática em co-autoria de vários crimes.

Um deles estava em prisão preventiva já havia algum tempo.

Exercícios Jurídicos em Matéria Criminal 29

Outro deles não pôde ser notificado da acusação por entretanto se ter ausentado para parte incerta.

O outro estava incapacitado por doença durante algum tempo, para comparecer em tribunal, mas queria comparecer à audiência de julgamento.

Como deveria agir o Tribunal?

60.

A, encontrava-se a ser julgado na comarca **X** pelo crime de alteração de marcos, quando o juiz depois de haver inquirido duas testemunhas, concluiu que os factos tinham ocorrido na comarca **Y**.

Estava a decorrer a documentação da prova.

O M.ᵐᵒ Juiz continuou a audiência, ouvindo as restantes testemunhas.

Mas, depois das alegações, ordenou a remessa do processo para a comarca **Y,** onde entendia que devia ser proferida a sentença, uma vez que os factos tinham ocorrido nessa comarca e a prova constava da documentação oral.

O Mmo Juiz da comarca **Y**, uma vez que faltava somente a decisão do julgamento, mandou regressar os autos para o efeito, para a comarca **X**, onde o julgamento decorrera.

Mas o Mmo Juiz da comarca **X** manteve a sua posição e, acrescentou que se não havia concordância do seu Exmo colega da comarca **Y**, deveria este fazer de novo o julgamento.

Qual juiz deveria realizar o julgamento?

O julgamento efectuado na comarca **X** era válido?

Quem afinal veio a elaborar a sentença?

61.

O tribunal **A,** declarou-se incompetente para realizar o julgamento do caso **K**, por ser da competência do tribunal **B**, e remeteu os autos a **B.**

Por sua vez **B,** declarou-se igualmente incompetente para realizar esse mesmo julgamento, por considerar competente o tribunal **A,** e, devolveu o processo ao tribunal original.

Identifique e explique como resolver o diferendo.

62.

O tribunal **A,** considerava-se competente para realizar o julgamento do caso **W**.

Mas o tribunal **B,** também se considerava competente para realizar esse mesmo julgamento.

Como resolver qual o tribunal competente para julgar o caso?

63.

O juiz do tribunal **A,** e o juiz do tribunal **B**, que se arrogavam mutuamente competência para julgar um determinado pleito, resolveram dar uma conferência de imprensa, onde ambos declararam estar preocupados pela demora no julgamento do pleito, pois que queriam fazer justiça, esperando apenas que algum dos tribunais em questão assumisse a incompetência, pelo que enquanto tal não ocorresse, o processo ficaria suspenso.

Como solucionaria a questão?

64.

O tribunal de uma comarca e o tribunal de outra comarca próxima, declararam-se incompetentes para conhecer da acusação contra um grupo de malfeitores que praticaram desacatos em ambas as comarcas.

Decidiram então, de comum acordo, enviar o processo para o tribunal colectivo, que julgavam ser competente porque tinha jurisdição sobre ambas as comarcas.

Comente a situação.

65.

Em determinada localidade, em que grande parte da população jovem consumia estupefacientes, estavam para ser julgados no tribunal dessa localidade, uns traficantes que aí viviam habitualmente e serviam os consumidores.

Considerou-se haver situações de perturbação do desenvolvimento do processo e, por isso atribuiu-se a competência para o julgamento a um outro tribunal.

Seria válida tal decisão?

Em que pressupostos poderia ela fundamentar-se?

66.

O juiz **A**, acompanhado da sua namorada, encontrou casualmente num bar, a cidadã **M**, que afinal fora sua colega na escola secundária, e, nunca mais a tendo visto deste então.

Cumprimentaram-se e, os três tomaram uma bebida.

No dia seguinte, **M** encontrava-se no tribunal onde **A** exercia funções, para ser submetida a julgamento em virtude de ter sido interceptada na véspera a conduzir sob influência do álcool, quando saíra do referido bar.

Deveria o Juiz **A** julgar a sua antiga colega? Justifique.

67.

A senhora **D,** ficou muito ofendida por **F,** ter batido no seu cão quando o levava pelo campo para fazer as necessidades, em consequência de o cão ter feito xi-xi para cima de **F**.

D, indignada, escreveu uma carta ao Sr. Procurador-Adjunto junto do tribunal da área da sua residência contando-lhe o sucedido.

Que eficácia jurídica terá merecido a carta de **D**?

68.

A, desejou procedimento criminal contra **B,** pelo crime de injúrias.

Findo o inquérito, e, apesar de haver indícios suficientes, não foi recebida a acusação particular e foi ordenado o arquivamento dos autos.

Porquê?

69.

C, apresentou queixa contra **D,** pelo crime de ameaça.

Decorrendo o inquérito, **C** veio desistir da queixa.

O Ministério Público mandou apresentar os autos ao Juiz.

O Juiz disse que não homologava a desistência da queixa.
Podia haver lugar a desistência da queixa?
Porque é que não foi a desistência da queixa homologada pelo juiz?

70.

A, apresentara queixa contra **B,** pelo crime de difamação.
Mais tarde, e como **B,** lhe pediu desculpas, **A,** desistiu da queixa,
B, que ainda não tinha defensor nomeado, estava ausente em parte incerta.
Admitindo que **A,** podia desistir da queixa, como poderia a mesma ser homologada?
Justifique.

71.

A, estava num supermercado e, em determinada altura começou a encher os bolsos de rebuçados, com a ideia de deles se apropriar sem vir a pagá-los.
Um segurança apercebendo-se disso, no interior do supermercado, interveio e recuperou os rebuçados
Como se configura a responsabilidade criminal de **A**?
E, se os rebuçados fossem detectados no bolso de **A**, já depois de este ter abandonado o supermercado?

72.

B, dera uma bofetada num menor, por este o insultar.

B, era amigo de **C,** e **D,** pais do menor.

D queixou-se de **B,** mas **C** foi desistir da queixa, alegando estar ele **C,** no exercício do poder paternal.

Quid Juris?

73.

C, apresentara queixa contra **D, E** e **F,** pelo crime de dano, praticado conjuntamente pelos denunciados.

Mais tarde, **C,** que contratou **D** ao seu serviço, desistiu da queixa contra ele.

Qual a relevância da queixa quanto aos demais?

74.

D, sabia que **E** se tinha introduzido sem autorização no seu quintal murado, onde fora colher fruta.

Passados cerca de sete meses, **D,** presenciou que **E,** se encontrava de novo no seu quintal sem autorização.

D, resolveu então apresentar queixa incluindo os factos praticados há 7 meses.

Poderia fazê-lo? Porquê?

75.

Procedia-se ao julgamento de **A, B, C,** e **D**, por crime semi-público, quando o ofendido **E**, desistiu da queixa quanto a **A,** e **B**.

Qual o procedimento a seguir e, a sorte de todos os arguidos?

76.

Dois indivíduos, já embriagados, resolveram assaltar a esquadra da Polícia, do bairro onde viviam, pela porta das traseiras, por dar directamente para o bar, de onde pretendiam subtrair uma garrafa de uísque.

Depois de retirarem o canhão, como a porta não abrisse, começaram a dar pontapés na porta para abri-la.

Como o barulho alertasse a sentinela, acorreram logo uns agentes que impediram os referidos indivíduos de continuarem a dar pontapés na porta.

Poderiam tais indivíduos ser detidos? Porquê?

77.

Um agricultor descontente com o seu vizinho por não lhe ter cedido água para rega da sua produção de batatas, lembrou-se de pegar fogo à seara de milho do seu vizinho, tendo para o efeito deixado uma vela acesa no meio do milharal, sabendo que a mesma ao consumir-se, atearia fogo ao milho, por se encontrar já maduro.

Porém, um cão rafeiro que ali andava a farejar, ao passar junto à vela derrubou-a de forma a que a vela logo se apagou, não tendo ardido sequer uma maçaroca.

Terá o agricultor praticado alguma ilicitude?

Em caso afirmativo que forma de ilicitude terá praticado o agricultor? Justifique.

78.

A, e **B,** queriam introduzir-se por escalamento num armazém de víveres, para o que precisavam de material de alpinismo.

Assim, contactaram **C,** que era empregado numa loja de artigos desportivos e, solicitaram-lhe o material necessário para o efeito, pondo-o ao corrente do plano arquitectado.

C, então, apoderou-se, sem autorização do dono da loja onde era empregado, de dois pares de botas e de um cabo de aço usado por alpinistas, e entregou tais artigos a **A,** e **B.**

No dia seguinte, porém, **C,** arrependeu-se e contou tudo ao seu patrão, o qual foi imediatamente à procura de **A,** e de **B,** vindo a apreender-lhes o material retirado por **C,** da sua loja, e que ainda não tinha sido utilizado.

O dono da loja dos artigos desportivos apresentou então queixa contra **A, B,** e **C,** e declarou desejar procedimento criminal contra eles.

Como classifica juridico-criminalmente as acções de **C,** e de **A,** e **B**?

Findo o inquérito e indiciando-se fortemente o que consta do texto, como deveria actuar o Ministério Público?

79.

A, disposto a tirar a vida a **B,** muniu-se de uma arma de fogo com silenciador, e esperou que **B,** passasse numa determinada hora em determinado local, como era habitual.

Nessa altura, quando avistou **B, A** fez pontaria à cabeça de **B,** e intencionalmente disparou.

Mas, **B,** não chegou a ser atingido porque nesse preciso momento se baixara para apertar os atacadores dos seus ténis.

B, nem ouviu o tiro e, depois de apertar os atacadores prosseguiu calmamente a marcha, enquanto **A,** desistia de novo tiro e se afastava do local.

Como define jurídico-criminalmente a acção de **A**? Justifique.

Exercícios Jurídicos em Matéria Criminal 37

80.

Numa noite de luar, **A, B, C,** e **D,** sabendo que a casa **X** estava desabitada e, em local ermo, resolveram assaltá-la para se apropriarem dos bens e valores que lá houvesse.

Depois de partirem os vidros de uma janela, entraram dentro e, quando já se encontravam na posse de várias coisas, **D,** deu-se conta, perante determinados objectos, que a casa era pertença de uma amiga da sua namorada.

D, sacou então da pistola que trazia consigo e, obrigou **A, B,** e **C,** a deixarem no local todos os objectos de que se tinham apoderado, e, a saírem todos da casa.

Mas cá fora, **A, B,** e **C,** conseguiram tirar pela força a pistola a **D,** e introduziram-se de novo na casa de onde conseguiram subtrair os bens que entenderam, e, depois de saírem, fugiram no veículo automóvel de **D.**

A amiga da namorada de **D,** que, entretanto, e, por acaso, presenciou várias pessoas através de uns binóculos de visão nocturna, de longo alcance, dentro de sua casa, quando passeava de carro na companhia de seu namorado, e apercebendo-se de **D,** no exterior, denunciou este às autoridades, que comparecendo no local detiveram **D.**

Quid Juris?

81.

No decurso de uma manifestação popular, a hora de ponta, numa grande cidade, apareceram agentes de autoridade que ordenaram aos populares que se manifestassem sem ocuparem toda a faixa de rodagem, uma vez que estavam a impedir a circulação do trânsito.

Então, de entre o grupo de populares, **A, B, C,** e **D,** disseram a **E, F,** e **G,** que arrancassem pedras da calçada e atirassem com elas aos agentes de autoridade, para aumentar a publicidade da manifestação, o que **E, F,** e **G,** prontamente se dispuseram e começaram a fazer, enquanto **A, B,** e **C,** se afastavam dizendo que iam à procura de paus para bater nos referidos agentes.

Como **A**, **B** e **C**, na área em redor somente viram **H**, **I**, e **J**, a serrar madeira, pediram-lhes que lhes arranjassem uns toros de madeira que era para irem para a manifestação bater nos agentes de autoridade.

H, **I**, e **J**, acederam e fizeram uns toros de madeira para servirem de arma de agressão.

Em consequência das agressões dos populares, vários agentes de autoridade ficaram com ferimentos ligeiros, e, somente com reforços policiais, se conseguiu pôr cobro à contenda, sendo detidos de imediato todos os indivíduos referidos desde **A**, a **F**, sendo que **H**, **I** e **J** vieram a ser detidos no dia seguinte, porque entretanto se tinham ausentado.

Como classifica jurídico-criminalmente a participação dos populares?

E que se lhe oferece dizer sobre as detenções efectuadas de todos os indivíduos?

82.

A, e **B**, que viviam à custa alheia, combinaram entre si um estratagema para obterem avultada quantia de dinheiro, de forma fácil, que depois repartiriam conjuntamente.

Assim, **A**, convidou **C**, pintora de réplicas de quadros famosos, para jantar, onde lhe proporia um negócio lucrativo e que iria acompanhado de um amigo conhecedor do negócio..

C, compareceu e, durante o jantar, regado com abundante champanhe, **A**, identificando-se como comerciante de obras de arte, e apresentando **B**, como seu amigo, propôs a **C**, encarregarem-se de vender os seus quadros, à percentagem, tendo logo **A**, entregue a **C**, um cheque prédatado como prova de confiança.

C, toldada pelo jantar e pelo champanhe, pela simpatia de **A**, e de **B**, e na posse do cheque, aceitou o negócio, no convencimento de que **A**, falava verdade, tanto mais que **B**, ia corroborando e dando referências da situação negocial de **A**.

A, e **B**, conduziram **C**, à residência desta, onde **A**, após se apoderar sem ser visto por **C**, da chave do *atelier* desta, deslocou-se ao mesmo, e, de lá retirou todos os quadros que colocou em local seguro,

No dia seguinte, **A**, conseguiu vender a **D**, uma das réplicas por quantia avultada, fazendo-lhe crer tratar-se do original, depositou a quan-

Exercícios Jurídicos em Matéria Criminal   39

tia na sua conta bancária e cancelou todos os cheques alegando terem-lhe sido subtraídos.

C, quis levantar o cheque mas não lhe foi pago.

C, queixou-se contra **A,** por o cheque lhe não ter sido pago.

A, queixou-se contra **C,** como sendo a autora da subtracção dos cheques.

B, pediu dinheiro a **C,** sob pena de corroborar a versão de **A,** e, pediu dinheiro a **A,** sob pena de vir a denunciá-lo.

D, queixou-se contra **A,** porque o quadro era falso.

Quid juris?

83.

J, empregado de um posto de abastecimento de combustíveis, enchia uma vez por semana, à hora do fecho, o seu velocípede com motor a gasolina, sem pagar, sabendo que à hora em que o fazia já não havia ninguém a abastecer-se e que agia contra a vontade do seu patrão.

Assim procedeu durante 3 semanas, até que, um dia, ocasionalmente apareceu o patrão que descobriu o procedimento do seu empregado.

Quantos crimes cometeu **J**?

84.

A, conheceu **B,** numa discoteca e, por a mesma se encontrar sob forte influência de álcool, não conseguindo dominar-se, conseguiu sedu-zi-la e manter com ela relações sexuais.

A partir daí, **A,** encontrou-se mais vezes na discoteca com **B,** e quando a mesma estava sob influência de álcool, manteve com ela relações sexuais por mais três vezes.

Quantos crimes cometeu **A**? Justifique.

85.

A, num determinado dia, raptou **B,** para resgatá-lo a troco de dinheiro, o que conseguiu, e, assim procedeu mais 4 vezes, até que **B,** conseguiu identificar **A**.

Quantos crimes cometeu **A**? Justifique.

86.

A, sequestrou no mesmo local, à mesma hora, os cidadãos **C, D, E, F, G.**

Quantos crimes praticou **A**? Justifique.

87.

A, pela calada de uma quente noite de Verão, vendo a janela de uma residência aberta, introduziu-se dentro da casa, sem ser visto, de onde se apoderou de vários objectos de decoração, fazendo-os seus e, actuando sempre contra a vontade do dono.

Num outro dia, ao passar pela mesma casa, abriu uma das janelas que se encontrava apenas encostada e voltou a introduzir-se na casa, sem ser visto, e de lá voltou a apoderar-se para si, de objectos de utilidade pessoal, contra a vontade do dono.

Noutra altura, **A,** dirigiu-se à mesma casa e introduziu-se nela pela porta que se encontrava entreaberta; porém, quando se encontrava à entrada da despensa a agarrar um bolo para comer apareceu a dona da casa.

A, fugiu e deixou o bolo no local.

Quantos crimes cometeu **A**?

Exercícios Jurídicos em Matéria Criminal 41

88.

A, encontrava-se bêbado sentado à porta de sua casa.

À medida que passavam pessoas na rua, insultava-as sempre com as mesmas palavras.

Passaram naquela rua por 2 vezes, os cidadãos **B,** e **C,** que foram vítimas das palavras insultuosas de **A**.

Quantos crimes cometeu **A**?

89.

A, conduzia o seu veículo automóvel a 20 km/h numa localidade, quando ao aproximar-se de uma passadeira para peões não reparou que se encontravam 2 pessoas a atravessar a estrada na passadeira, indo atropelá-las.

Como define o comportamento de **A**? Justifique.

90.

A encontrava-se a agredir voluntária e corporalmente **B,** sem que **B,** pudesse libertar-se quando **B,** resolveu puxar da navalha de ponta e mola que trazia consigo, e, abrindo-a, feriu **A,** que, então largou **B.**

Quid juris?

91.

A, irritado por a mulher **B**, não lhe ter servido o pequeno almoço à hora habitual, dirigiu-se à cozinha e começou a esbofeteá-la.

Apanhada de surpresa, **B**, lançou mão do rolo da massa que ali se encontrava e deu com ele na cabeça de **A**, partindo-lha.

A, queixou-se de **B**, e **B**, declarou que agiu para se defender. Comente.

92.

A, agarrou-se a **B**, e começou a puxar-lhe os cabelos, porque **B**, andava interessada no seu namorado.

B, para se libertar de **A**, deu-lhe um empurrão, que fez com que **A**, se desequilibrasse e estatelasse no solo, partindo duas costelas.

Como analisa a responsabilidade criminal de **B**?

93.

Um lavrador conduzia o seu tractor numa estrada de terra batida e, ao chegar a um caminho que serve diversas propriedades e também a sua, querendo dirigir-se para ela, a fim de dar de beber aos animais que lá se encontravam, encontrou o caminho atravessado por manilhas de escoamento de esgotos de uma exploração pecuária de uma propriedade vizinha que, impediam o trânsito de quaisquer veículos nomeadamente do tractor.

Como o local era ermo, longe de qualquer povoado e não era possível contactar alguém no momento e, os animais estavam cheios de sede, o lavrador intencionalmente destruiu as manilhas, sabendo que não eram suas, para poder passar com o tractor, afim de poder dar de beber aos animais, como aconteceu.

O dono das manilhas, licenciado em direito, queixou-se contra o lavrador, alegando que o mesmo quis praticar o crime de dano.

Comente a responsabilidade criminal imputada ao lavrador.

94.

Numa manifestação de adeptos de futebol de dois clubes que acabavam de jogar, e tinham ficado empatados, gerou-se alteração da ordem pública entre os adeptos, porque cada qual reclamava a sua equipa como sendo a melhor.

O comandante da força policial que acorreu ao local para serenar os ânimos, ao chegar ao local , mandou dispersar os manifestantes, o que não aconteceu, mantendo-se os mesmos em provocações recíprocas e digladiando-se através do arremesso dos mais variados objectos.

Foi usado gás lacrimogéneo e houve disparos de balas de borracha, mas os manifestantes continuaram no local e, mais exaltados, começaram a partir vidros dos estabelecimentos comerciais, a incendiar automóveis, e a lançar pedras contra os polícias.

O comandante da força policial ordenou então aos seus agentes que disparassem com balas verdadeiras, em direcção aos manifestantes, sendo certo que de tais disparos, poderiam ocorrer ferimentos, porventura letais, dos manifestantes atingidos.

Os agentes **A,** e **B,** não acataram a ordem e recusaram-se a disparar.

Quando o confronto acabou, havia alguns manifestantes e agentes policiais feridos, tendo alguns manifestantes vindo a falecer em consequência dos ferimentos sofridos.

O comandante da força policial acusou **A,** e **B,** de terem desobedecido a uma ordem legítima

Mas **A,** e **B,** vieram a ser absolvidos.

Entretanto os familiares das vitimas falecidas apresentaram queixa criminal contra o comandante da força policial.

Que crime imputava o comandante da força policial aos seus subordinados?

Que crime podia ser imputado ao comandante da força policial?

Em que se terá fundamentado a defesa de **A,** e **B,** para poderem ser absolvidos?

95.

A, pediu a **B,** profissional do boxe, que praticasse boxe consigo para exercitar tal modalidade desportiva, pois que pretendia candidatar-se ao campeonato nacional.

B, acedeu, mas advertiu **A,** que poderia involuntariamente causar--lhe ferimentos ou, lesões.

A, disse que não se importava. Porém, logo no primeiro exercício, **B,** ao esmurrar **A,** partiu-lhe a clavícula, ficando por isso, **A,** impedido de prosseguir nos treinos por largo período, e por conseguinte impossibilitado de participar no campeonato nacional de boxe.

Inconformado, **A,** apresentou queixa criminal contra **B,** e deduziu pedido de indemnização civil contra ele, acompanhado dos relatórios dos exames clínicos e de uma *cassete video* onde se via **B,** a esmurrar **A.**
Quid juris?

96.

Num bar, **A,** dirigiu-se a **B,** munido de uma navalha aberta, com o propósito de o agredir.

B, ao aperceber-se, e, não podendo escapar-se por não haver sítio onde pudesse esconder-se, sendo que, para poder sair do bar tinha de passar por **A,** arremessou então em direcção a **A,** a garrafa da cerveja que se preparava para beber, sendo-lhe indiferente o local onde o atingisse, pois que queria a tudo o custo evitar ser agredido por **A,** e, efectivamente veio a atingir **A,** na parte inferior de uma das faces, partindo-lhe dois dentes e deixando-lhe uma cicatriz na face.

Um agente de autoridade que entrava no bar, naquele momento, ao deparar-se com a situação, deteve **B,** por a sua acção poder ter sido idónea a tirar a vida a **A.**
Comente.

Exercícios Jurídicos em Matéria Criminal 45

97.

Um professor dirigia-se para a sua escola a fim de dar as aulas desse dia, quando um seu aluno, de 17 anos, se colocou entre ele e a portão de entrada, impedindo-o de entrar, porque entendia que devia comemorar--se o dia do estudante e não queria que houvesse aulas.

O aluno fechou a cadeado o portão de madeira da entrada da escola.

Então o professor – porque não havia força pública na localidade e os órgãos de gestão da escola se tinham ausentado, ao verem o acesso à Escola negado, – deu um pontapé no portão da escola, partindo-o; ao entrar e porque era impedido no caminho pelo mesmo aluno, deu-lhe um empurrão para o afastar, tendo o aluno caído ao solo e partido o nariz.

A seguir, cumpriu-se o horário e as aulas decorreram normalmente.

Mas os pais do aluno ferido apresentaram queixa ao Ministério Público contra o professor por ter batido num jovem de 17 anos.

E, o órgão de gestão escolar apresentou queixa contra o professor por ter partido o portão de entrada da escola a pontapé.

Qual a sorte jurídico-criminal do professor?

98.

A, jovem donzela de 28 anos de idade, ao dirigir-se de noite, sozinha para casa, e, vendo que o toxicodependente **B.** se lhe dirigia, transportando na mão uma seringa, pensando que o mesmo quisesse constrangê-la na sua liberdade de autodeterminação ou extorquir-lhe dinheiro, puxou da pistola de defesa que trazia consigo e que ainda nunca tinha disparado e, disparou um tiro em direcção a **B,** para o afastar, vindo porém a atingi-lo mortalmente no coração.

Como deve equacionar-se a responsabilidade criminal de **A**?

99.

A, ao chegar a casa deparou com a mesma a arder e, vendo através da janela da arrecadação existente no quintal de seu vizinho que ali havia uma mangueira, saltou o muro divisório e arrombou a arrecadação, retirando de seguida a mangueira com a qual apagou o fogo.

Haverá fundamento para que o vizinho de **A,** apresente queixa contra o mesmo? Porquê?

100.

D, vendo que **E** , seu amigo, necessita de determinado medicamento com urgência, e impossibilitado de contactar qualquer médico ou, alguém, para levar **E,** ao Hospital, arrombou a porta da farmácia existente no povoado, que estava fechada e cuja proprietária se encontrava ausente em parte desconhecida, e lá dentro apoderou-se do medicamento que levou ao seu amigo.

Qual a responsabilidade de **D**?

101.

Um médico verifica que há duas crianças - **A,** e **B,** - com a mesma doença, a necessitarem com urgência de determinada vacina, sem a qual não sobreviverão.

Contudo também verifica que disponível, existe apenas um exemplar dessa vacina.

O médico dá imediatamente a vacina a **B.**

Posteriormente, os pais de **A,** apresentaram queixa contra o médico por ter deixado morrer **A**

Comente jurídico-criminalmente a situação.

102.

A, resolveu destruir o contentor do lixo que os serviços camarários colocaram junto à porta do seu restaurante devido ao cheiro nauseabundo que por vezes o mesmo exalava e, que afugentava as pessoas do local.

Assim, A, encarregou B, sua empregada de limpeza, de colocar no contentor do lixo uma caixa de papelão dizendo-lhe estar carregada de sucata, quando a mesma continha um artefacto explosivo para destruir o contentor.

Mal a empregada de limpeza voltou costas, o contentor explodiu.

A entidade policial que entretanto ali patrulhava, e vendo que a explosão ocorreu depois de B, ter deixado a caixa de papelão no contentor, deteve esta, suspeitando da mesma,

E, em exame pericial verificou-se na verdade, que a causa da explosão estava englobada na caixa de papelão.

Que se lhe oferece dizer sobre a actuação e responsabilidade criminal de A e, B?

103.

A, e sua família, que se encontrava a passar férias na casa de B, seu amigo e colega, durante a ausência deste também em férias, em local incerto, resolveu levar a família a passear de automóvel porque estava uma bela tarde.

Porém verificou que o seu veículo automóvel estava com problemas de bateria e, porque o seu amigo tinha deixado na garagem o seu jipe, com as respectivas chaves, A, pegou no mesmo para se transportar a si e à sua família, sem conhecimento de B.

Mal acabaram de sair, chegou B, que, entretanto se lembrou de que precisava de deslocar-se ao supermercado para adquirir iogurtes.

Porém ao dirigir-se à garagem, não encontrou o seu jipe, pelo que telefonou imediatamente à entidade policial, a qual veio a deter A, quando acaba de estacionar o mesmo veículo junto a um restaurante.

B, sabendo do facto, contactou a entidade policial, no sentido de dar sem efeito o telefonema que efectuara sobre o desaparecimento do seu jipe.

Mas o agente de autoridade, disse que ia levar o caso ao Tribunal. Como explica a actuação de **A**, de **B,** e da entidade policial? Viria **A**, a ser condenado? Justifique.

104.

Como comenta o disposto no artigo 40º nº 1 do Código Penal?

105.

Como correlaciona a pena com a culpa?

106.

D, que se encontrava com fome, e, sem dinheiro, pois era hora de almoçar e ainda estava em jejum, ao ver cerca de 1 quilo de sardinhas que uma senhora idosa havia comprado há escassos minutos, e transportava consigo, à vista, num saco de plástico, dirigiu-se a ela e puxou-lhe pelo saco das sardinhas, retirando-lhas e, fugindo de seguida.

Um polícia à paisana que ali vagueava, dando pelo facto, deteve **D,** e recuperou as sardinhas.

Em julgamento, o defensor de **D,** alegou que as circunstâncias integrantes do crime que conduziram **D,** a tal acção, era a fome com que se encontrava.

Como valoraria o juiz a ilicitude de **D**?

107.

Numa determinada escola, à hora do recreio, um empregado dessa escola, vendo que a aluna **A,** era agredida corporalmente pelo aluno **B,** dirigiu-se a este e deu-lhe um par de bofetadas.

Em consequência, **B** ficou a sangrar do nariz, por uns momentos.

Os pais de **B,** indignados com a actuação do empregado da mesma escola, participaram criminalmente contra ele e contra o Director da Escola.

O Ministério Público acusou o empregado e o Director da escola,,

Após julgamento, o juiz absolveu o Director e condenou **B,** aplicando a este uma admoestação, com o fundamento que tal pena representaria castigo bastante para **B,** para evitar a repetição de comportamentos idênticos.

Processualmente, qual era o estatuto de **B,** e do Director?

Por que crime terão sido os mesmos acusados?

Poderia ser a acusação da iniciativa do M°P°?

Porquê teria sido absolvido o Director?

Que acha do fundamento da pena aplicada a **B**?

Justifique.

108.

O industrial **C,** era detentor de uma grande empresa, único bem que possuía, e dela retirava mensalmente avultados lucros.

Mas devido a vários crimes de burla, que praticou no giro comercial, a sua empresa entrou em falência.

Submetido a julgamento, foi condenado em penas de multa, à taxa mínima, que lhe foram suspensas na sua execução.

Comente.

109.

Um recluso, saiu da cadeia após ter cumprido pena por um crime de difamação do dono de um restaurante, e logo nesse dia assaltou esse restaurante, levando o dinheiro da máquina registadora, que continha entre duas a três centenas de euros.

Apanhado e submetido a julgamento, foi condenado como reincidente.

O Defensor recorreu alegando não ser caso de reincidência.

Terá razão?

Justifique.

110.

S, fora condenado várias vezes por conduzir sob influência de álcool, em penas de multa, e há menos de meio ano após a última condenação, fora condenado por factos idênticos, na pena de 7 meses de prisão, que cumpriu.

S, no dia em que terminou o cumprimento da última pena, tornou a praticar crime de idêntica natureza, e submetido a julgamento, o Juiz aplicou-lhe 9 meses de prisão por revelar falta de preparação para manter conduta lícita, na sequência da acusação do MºP que alegava a reincidência de S.

Que acha da condenação assim efectuada?

Justifique.

111.

A, e B, numa determinada noite, encontrando-se embriagados, dirigiram-se à casa de C, e lá chegados, bateram à porta.

C, foi abrir. Acto contínuo, A, e B, pediram uma garrafa de uísque.

C, explicou que não tinha uísque, pois até era abstémio,

Então **A,** e **B,** ofenderam voluntária e corporalmente **C,** que apresentou queixa, apesar de não ter ficado ferido.

O Ministério Público, realizou o inquérito e, de sua iniciativa, acusou **A,** e **B,** pois ambos já tinham sido condenados duas vezes em pena de prisão suspensa na sua execução, pelo crime de ofensas corporais Submetidos a julgamento, foi-lhes aplicada uma medida de segurança. Que comentários se lhe oferece apresentar?

112.

A, e **B,** um deles pescador e outro torneiro mecânico, desentenderam-se num bar e, em determinada altura envolveram-se em luta um com o outro, sem que se apurasse qual deles agrediu primeiro.

Em consequência de se agredirem corporalmente e reciprocamente, ambos vieram a apresentar hematomas que demoraram dez dias a curar sem ter havido incapacidade para o trabalho, e sem sequelas.

Participaram criminalmente e separadamente, um contra o outro e, até se constituíram assistentes.

O Ministério Público instaurou dois inquéritos, após o que em cada um deles foi deduzida a respectiva acusação.

Porém, vieram a ser julgados conjuntamente, e apesar de ter sido provado o crime praticado por cada um em relação ao outro, o juiz dispensou-os de pena.

A, e **B,** poderiam ser julgados conjuntamente?

Que crime cometeu cada arguido?

Como considera que apesar de terem cometido o crime, viessem a ser dispensados da pena?

Era obrigatório terem-se constituído assistentes?

Justifique as respostas.

52 António Pires Henriques da Graça

113.

F, foi submetido a julgamento por lhe ser imputado o crime p. e p. no artº 143º nº 1 do C.Penal, por ter apertado, com força, o braço de um menor de 10 anos de idade, quando este fazia uma pintura sobre o automóvel de **G**, tendo o referido menor ficado com extensa equimose.

O juiz condenou **F,** na pena de dez meses de prisão.

Que comentário ou comentários se lhe oferece fazer?

114.

Que fundamentos e critérios justificam a execução da pena de prisão?

115.

Durante uma violenta tempestade, no alto mar, afundara-se o barco de recreio tripulado por **A, B.** e **C.**

Deitaram o bote salva-vidas ao mar.

A tempestade amainou, mas o bote que era de borracha, tinha um furo e metia água.

Chegaram à conclusão que, naquelas condições, o bote somente poderia aportar à costa se transportasse até 2 pessoas, pois com os três afundar-se-ia.

Nenhum dos tripulantes sabia nadar, e tinham perdido os coletes de salvação.

Então **A**, imprevistamente empurrou **B,** borda fora.

B, caiu à água, mas conseguiu agarrar-se a um dos lados do bote.

C, dando conta da situação de **B**, dirigia-se na sua direcção para o auxiliar a subir para bordo. Mas, **B**, pensando que **C,** se aproximava para o agarrar e lançar ao mar, e assim afastá-lo do bote, quando **C,** chegou junto de si e o agarrou, **B,** tirou a pistola que **C,** trazia à cintura e deu--lhe um tiro em direcção ao peito, para o atingir, sendo-lhe indiferente as consequências que daí adviessem, mas devido ao balanço do bote, o tiro atingiu **A** que ficou ferido numa das pernas e caiu no bote.

B, subiu para bordo, e quando se dirigia para examinar **A, C,** apareceu por detrás e com um remo bateu na cabeça de **B,** para recuperar a sua pistola que **B,** empunhava.

B, em consequência da pancada caiu no bote com traumatismo craniano, requerendo tratamento médico com urgência, em consequência das lesões havidas, sob pena de falecer.

C, recuperou a pistola.

Entretanto **A,** vendo **C,** na posse da arma e, com receio de que o mesmo disparasse, muniu-se da faca de mato que trazia consigo e atirou-a em direcção a **C,** querendo atingi-lo, com o propósito de **C** largar a pistola.

C, dando-se conta do arremesso da faca por **A,** tentou esquivar-se, e, ao desviar-se repentinamente, caiu ao mar. Perdeu a pistola mas agarrou-se ao bote e agarrou a faca que flutuava junto a si.

Subiu para o bote e com a faca de mato ordenou a **A,** que se encontrava ferido, que abandonasse o bote.

Entretanto apareceu uma lancha da Polícia Marítima que socorreu os três náufragos.

O comandante elaborou um relatório nos termos acima expostos e remeteu-o ao Ministério Público.

Que perspectivas jurídico-criminais se encontram delineadas nas condutas dos três náufragos?

Justifique delineadamente.

116.

O que entende por pena de prisão por dias livres?
Quais os pressupostos da sua aplicação?

117.

A, que já tinha sido condenado por diversas vezes, foi de novo condenado, tendo-lhe sido aplicada uma pena de 7 meses de prisão, substituída por multa.

Discordando da substituição por multa, o Ministério Público recorreu.

Que fundamento terá o Digno Recorrente alegado na motivação do recurso?

118.

O que é a motivação de um recurso, e como se estrutura?

119.

B, foi condenado em 60 dias de prisão substituídos por multa à taxa mínima, pela prática do crime de introdução em lugar vedado ao público.

B, não pagou e, informou que estava desempregado, não tinha dinheiro para pagar.

B, poderia vir a ser preso para cumprimento da pena de prisão? Se sim, em que termos?

Se não, com que fundamento?

120.

C, fora condenado em 90 dias de multa, a que correspondia a prisão subsidiária por 60 dias, por ter violado a obrigação de alimentos em que fora condenado.

C, não tinha bens ou rendimentos e, encontrava-se desempregado.

O juiz suspendeu-lhe então a suspensão da execução da prisão subsidiária por 1 ano, com a condição de aceitar trabalhar honestamente quando para tal fosse procurado.

Veio a ser oferecido trabalho a C, por diversas várias vezes, tendo C, sempre recusado, por o trabalho oferecido não ser do seu agrado.

Contudo, no último dia desse prazo de 1 ano, C, começou a trabalhar e, informou o Tribunal, que veio a declarar extinta a pena.

Era caso de ser declarada extinta a pena? Fundamente a resposta.

121.

O que entende por prisão subsidiária?
Será a prisão subsidiária equivalente a prisão por dívidas?

122.

Quais os parâmetros da pena de multa?

123.

Pode haver pagamento da multa em prestações?
Porquê?

124.

Suponha que **N,** um abastado comerciante, que tinha sido condenado em pena de multa, no montante de 2000 € requereu o pagamento da mesma em prestações para não prejudicar a sua actividade comercial.
Seria de deferir ou indeferir o requerimento? Porquê?

125.

J, que vinha cultivando um terreno, propriedade da Santa Casa de Misericórdia do concelho onde habitava, arrogando-se ser ele o proprietário, foi condenado na pena de 30 dias de multa por se ter provado que praticou o crime de usurpação de imóvel.

Mas, como ficou provado em audiência que **J,** não possuía bens ou rendimentos, além do que retirava do amanho do referido terreno alheio, o juiz condenou-o logo a prestar trabalho, por esse período, na obra que a ofendida ia realizar nesse mesmo terreno.

Comente a condenação.

126.

Qual a diferença entre pena de prisão, execução da pena de prisão e suspensão da execução da pena de prisão?

127.

O que é o regime de prova?

Exercícios Jurídicos em Matéria Criminal 57

128.

Como correlaciona suspensão de execução de pena de prisão e regime de prova?

129.

R, encenador, tinha descuidadamente posto fogo às pautas de música da orquestra que naquela noite iria actuar num espectáculo a decorrer no cine-teatro da localidade, ficando assim impedida de tocar.

Submetido a julgamento o Tribunal condenou-o em 30 dias de prisão suspensa na sua execução por um ano com a condição de tocar flauta na orquestra em questão, pelo período de 1 mês.

R, não sabia tocar flauta.

A sentença transitou em julgado.

Qual a sorte de **R**, entre a sentença e a lei criminal?

130.

Que semelhança e diferença encontra entre uma sentença e um acórdão?

131.

G, cortou uma árvore de pequeno porte plantada pela autarquia local na via pública, porque lhe tapava a paisagem que avistava da sua janela, e que contribuía para o animar, pois **G**, vivia só.

G, foi submetido a julgamento e condenado em 8 dias de multa. O Ministério Público recorreu da decisão.

Porquê terá recorrido o Ministério Público?

132.

A, disse várias vezes a **B,** e a **C,** que se continuassem a almoçar com a sua mulher, colega de trabalho destes, lhes dava um tiro nos cornos, ao mesmo tempo que mostrava uma pistola.

B, queixou-se e, pediu ao Ministério Público que se aplicasse uma medida de segurança a **A,** porque tinha ficado com medo, visto que não deixava de continuar a almoçar com a mulher de **A,** pois eram colegas de trabalho e almoçavam no mesmo restaurante.

C, inquirido no inquérito que o Ministério Público realizou com base na queixa de **B,** disse que não era caso de se ter medo de **A,** quer porque não tinham cornos, quer porque a pistola apresentada por **A** era de brincadeira.

Terá o Ministério Público deduzido acusação?

Supondo que tinha sido deduzida acusação, em que se preconizava uma medida de segurança, poderia o juiz rejeitar a acusação?

133.

O que é uma acusação manifestamente infundada?

134.

V, desempregado, que já havia sido condenado duas vezes em pena de multa e, uma vez em pena de prisão suspensa na sua execução, pelo crime p. e p. no artigo 292° do Código Penal, encontrava-se a frequentar um curso de formação profissional, potencialmente essencial para o seu sustento e do seu agregado familiar, quando foi de novo julgado por idêntico crime.

O juiz considerou que o arguido revelava falta de preparação para manter conduta lícita, e que devia ser condenado em pena efectiva de prisão por três meses.

Mas, ao mesmo tempo, não era prudente impedir-se o arguido de frequentar o aludido curso, face às potenciais expectativas e utilidade futura do mesmo, quer para o arguido quer para o seu agregado familiar, e a prisão efectiva poderia prejudicar tal desiderato.

Que expediente legal tinha o juiz de ao aplicar ao arguido **V,** uma pena de prisão efectiva, não prejudicar porém a continuação da frequência do curso de formação profissional?

135.

T, tinha sido condenado numa pena de multa, pela prática de determinado crime, e autorizado o pagamento da multa em prestações, pelo período de um ano e meio, porque **T,** tinha vários encargos a seu cargo.

T, deixou de pagar uma prestação, porque entretanto encontrava-se desempregado.

O Ministério Público promoveu, então que se notificasse o arguido para pagamento de todas as prestações ainda em falta.

O arguido, porém, ouvido, opôs-se pedindo alteração do prazo de pagamento.

Se envergasse a veste de juiz, como decidiria?

136.

Tinham sido emitidos de mandados de captura contra **Z**, para cumprimento de 30 dias de prisão subsidiária, na sequência da condenação havida.

Mas, no momento em que o agente policial se preparava para prender o condenado, este declarou que queria pagar para evitar a execução de toda essa prisão.

A que pagamento se referia o condenado?

O pagamento pretendido evitaria o cumprimento da prisão decretada?

Como deveria agir o agente de autoridade?

137.

Z, tinha sido preso para cumprimento de 30 dias de prisão subsidiária, por não ter pago a multa em que fora condenado, nem ter sido possível obter o pagamento da mesma.

Como poderia **Z,** ter evitado ser preso?

Suponha que **Z,** provou que a razão do não pagamento da multa aconteceu devido a greve prolongada dos correios, que por isso, não procederam à entrega da quantia expedida por vale postal.

Poderia este facto obstar à continuação da execução da prisão subsidiária?

Se sim, em que termos?

138.

D, tinha sido condenada em 30 dias de multa, por certo crime, que lhe foram posteriormente, substituídos, a seu pedido, por igual tempo de prestação de trabalho em benefício da Junta de freguesia local.

D, porém, trabalhou apenas o primeiro dia, pois que nos seguintes, em vez de trabalhar, passeava pelas ruas da vila.

Que meio de execução podia o juiz lançar mão de forma a responsabilizar o condenado pelo crime cometido?

139.

Na sequência de condenação pela prática de crime, **N**, encontrava-se a cumprir a prestação de trabalho por 30 dias a favor dos Bombeiros Municipais do concelho, como piloto do helicóptero que servia no combate aos fogos, que eram intensos nessa altura, quando o helicóptero se avariou e, teve de ficar inactivo para reparação.

Quid juris?

140.

C, submetido a julgamento pelo crime de furto de uso de veículo, confessou e, pediu que lhe fosse suspensa a execução da pena em que viesse a ser condenado.

O arguido veio a ser condenado em 9 meses de prisão, que lhe foi suspensa na sua execução pelo período de 6 anos.

Todavia, o arguido recorreu.

Que fundamento teria invocado **C**, ao recorrer?

141.

N, empregada doméstica, irritada com a sua patroa **Q**, insultou-a, pelo que foi despedida.

N, insultou ainda mais **Q**.

Q, queixou-se contra **N**, que estava desempregada.

Submetida a julgamento, **N**, foi condenada em pena de prisão que foi suspensa na sua execução por meio ano, com a condição de pagar 1000 € em quinze dias a **Q**, e publicar num jornal local que pedia perdão e estava arrependida.

Q, disse que se **N**, cumprisse o determinado, readmiti-la-ia ao seu serviço.

Que comentários se lhe oferece fazer?

142.

P, traficante de droga para consumo, sendo toxico-dependente, foi condenado em pena de prisão suspensa na sua execução, com a condição de não contactar com pessoas que consumissem ou cedessem estupefacientes, nem frequentar locais onde tal se propiciasse.

P, recorreu, alegando que estava a ser tolhido no exercício nos seus direitos constitucionais à liberdade de locomoção e expressão, sendo inconstitucional tais condições limitativas.

Teria razão? Porquê?

143.

X, dedicava-se desde algum tempo a extorquir dinheiro a pessoas com quem se cruzava, para comprar droga, pois era toxico-dependente.

X, negou e declarou que apenas consumia droga ocasionalmente.

Submetido a julgamento, o Juiz aplicou-lhe uma medida de segurança de internamento em estabelecimento hospitalar para se tratar.

O Ministério Público recorreu alegando que não era caso de aplicação de medida de segurança mas sim de pena correspondente ao crime, sem prejuízo de se determinar a sujeição de **X**, a tratamento médico, mesmo que fosse no Hospital.

Como considera as posições assumidas?

144.

Y, de 21 anos de idade, dedicava-se ao furto de carteiras no metropolitano.

Levado a julgamento, foi condenado em dez meses de prisão, que lhe foi suspensa na sua execução por um ano, devendo porém ser acompanhado de um plano individual de readaptação social por igual período, executado com vigilância e apoio, pelos Serviços de Reinserção Social.

O arguido concordou.

Que instituto aplicou o juiz na sentença?

Quais os seus pressupostos?

145.

K, encontrava-se condenado em pena de prisão suspensa na sua execução, com a obrigação de apresentar-se às sextas-feiras no Instituto de Reinserção Social da área da sua residência.

K, a partir de certa altura, deixou voluntariamente de comparecer na referida Instituição, por ser dia de treino da equipa de futebol que integrava.

Perante tal situação, que meios tinha o tribunal ao seu alcance para não sair frustrada a eficácia da condenação?

146.

M, por ter cometido o crime de burla, encontrava-se condenado em pena de prisão suspensa na sua execução por dois anos com a obrigação de dedicar-se ao trabalho, se lhe fosse oferecido emprego.

Por diversas vezes foi oferecido trabalho a **M**.

M, aceitava, trabalhava um dia e nunca mais comparecia

M, foi acusado de nesse período ter cometido outro crime de burla, mas foi absolvido.

Seria caso de revogação da suspensão da execução da pena de prisão? Porquê?

147.

O tribunal, com a aceitação do condenado, substituiu-lhe a pena de prisão de 2 meses, aplicada por ter praticado o crime de introdução em lugar vedado ao público, por prestação de trabalho a favor dos Serviços Florestais, durante dez horas por dia a vigiar as florestas, já que não havia mais ninguém que a tal se dispusesse, e havia que prevenir o aparecimento de fogos.

Haveria algum obstáculo legal a tal procedimento?

148.

Qual a diferença entre o regime de prova e o instituto de suspensão da execução da pena?

149.

H, destruiu intencionalmente duas cadeiras de uma bancada de um recinto desportivo de determinado clube, quando assistia a um jogo de futebol, exaltado por o seu clube ter saído derrotado.

H, era delinquente primário e encontrava-se sob influência de álcool.

Era empregado de mesa e, mostrava-se arrependido.

Exercícios Jurídicos em Matéria Criminal   65

Julgado, o Juiz condenou-o em pena de multa pelo crime de dano simples e suspendeu-lhe a execução da pena.
Comente.

150.

G, bombeiro voluntário, encontrava-se a prestar trabalho a favor da comunidade, na limpeza do jardim municipal, na sequência de cumprimento de pena advinda da condenação pelo crime de maus tratos na pessoa de sua esposa.
Era Verão.
Devido aos incêndios que começaram a surgir, o comandante dos Bombeiros requereu ao tribunal que suspendesse a actividade que o Bombeiro **G,** vinha desenvolvendo na limpeza do jardim municipal por o mesmo fazer falta no combate aos fogos.
Que podia fazer o Juiz?

151.

T, injuriou o seu vizinho **S,** por este ter cortado a vedação de arame que delimitava as respectivas propriedades.
S, levou **T,** a julgamento, onde **T,** a conselho do seu advogado, indemnizou **S** dos prejuízos causados e pediu desculpa.
O Tribunal iria condenar **T,** em 60 dias de multa, mas ao deparar com a actuação de **T,** em audiência, e, por ser um caso de vizinhança, aplicou-lhe uma mera admoestação.
Com que fundamento poderia o Tribunal aplicar a admoestação?
Como define a admoestação?
Quais são os seus limites?

152.

O que é a liberdade condicional e, quais os seus pressupostos?

153.

A que regime legal se encontra sujeita a liberdade condicional?

154.

Quais as consequências da revogação da liberdade condicional?

155.

R, encontrava-se a cumprir a pena de três anos de prisão, tendo já cumprido nove meses.
R, aparentava estar regenerado.
Podia **R,** ser colocado em liberdade condicional? Justifique.

156.

U, traficante de droga, cumpria pena de sete anos e meio de prisão, tendo já cumprido seis anos e dez dias de prisão.
Seria caso de colocação em liberdade condicional? Justifique.

157.

F, cumpria pena de dezoito anos de prisão pelo crime de homicídio voluntário agravado, tendo sido colocado em liberdade condicional quando acabou de cumprir 12 anos da pena.

Qual o tempo de duração da liberdade condicional?

158.

N, encontrava-se condenado em várias penas de prisão cujo cumprimento seria sucessivo.

Em que termos se processaria a execução sucessiva das penas?

Em que termos e, com que limite poderia ser concedida a liberdade condicional?

159.

Que relação existe entre uma pena e a perda de direitos civis, profissionais e políticos?

160.

Que critério preside à distinção entre pena privativa e pena não privativa de liberdade?

161.

Qual o sentido da culpa no direito penal contemporâneo?

162.

Juridicamente, o que lhe oferece dizer sobre as exigências de prevenção na determinação da medida da pena?

163.

Como distingue a acção (ou omissão) típica, das circunstâncias em que o agente actuou?

164.

Porque é que na sentença devem ser referidos expressamente os fundamentos da medida da pena?

165.

O que é a reincidência?
Quais os seus pressupostos?

166.

Como distingue a reincidência da falta de preparação para manter uma conduta lícita?

167.

Explique em que termos a falta de preparação para manter uma conduta lícita é uma circunstância de determinação da medida da pena e de aplicação de medida de segurança.

168.

Explique o que entende por circunstâncias atenuantes e agravantes, e a dicotomia entre gerais e especiais, na determinação da medida concreta da pena.

169.

Porque é que uma circunstância determinativa da medida da pena só pode ser tomada em conta uma única vez?

170.

A pena especialmente atenuada, concretamente fixada, pode ser substituída, e, pode ser suspensa na sua execução?
Se sim, em que termos?

171.

Um arguido culpado, pode ser dispensado de pena?

172.

O que é a dispensa de pena e quais os seus pressupostos?

173.

Quando há lugar a dispensa de pena se a mesma for admitida com carácter facultativo?

174.

C, encontrava-se embriagado e, ao discutir com a sua vizinha **L**, destruiu voluntariamente algumas plantas do jardim desta que a mesma havia plantado há pouco tempo, e que eram espécies raras, trazidas da Austrália.

Exercícios Jurídicos em Matéria Criminal   71

L, levou **C,** a julgamento, mas o tribunal considerando que **C,** jornaleiro, se mostrava arrependido e encontrava-se a amealhar dinheiro para pagar os prejuízos a **L,** adiou a sentença para reapreciação do caso, daí a três meses.

Porquê quereria o juiz reapreciar o caso ao adiar a sentença?

175.

F, fora condenado em Fevereiro de 1999, em 7 meses de prisão pelo crime p. e e p. no artº 203º nº 1 do Código Penal, que praticara em Outubro de 1998, tendo **F,** cumprido tal pena.

Em Setembro de 2000, **F,** cometeu o crime p. e p. no artigo 143º nº 1 do Código Penal.

Há influência da punição havida, na determinação da medida da pena a aplicar pela prática do crime posterior?

Se sim, de que forma?

176.

S, fora condenado em 10 meses de prisão, em Abril de 1996, por crime doloso praticado em Dezembro de 1995.

Em Março de 2003, **S,** praticou crime de idêntica natureza.

A condenação de 1996 influenciará a medida da pena, se houver lugar a condenação pelo crime praticado em Março de 2003? Porquê?

177.

Em Junho de 1997, **M,** praticara um crime de usura, p. e p. no art°
226° n° 1 do C.Penal, pelo qual cumpriu a pena de um ano de prisão.
Em Setembro de 2002, praticou crime idêntico.
Como deverá punir-se **M,** pelo crime praticado em 2002?

178.

K, fora condenado em 3 anos de prisão por um tribunal francês,
pela prática de um crime de furto qualificado praticado no ano de 1995,
tendo cumprido aquela pena.

Em Agosto de 1999 **K,** em Portugal praticou um crime de burla,
p. e p. no art° 217° n° 1 do C. Penal.

A condenação decidida pelo tribunal de França produzirá efeitos se
houver condenação de **K,** em Portugal?

179.

O que é a legitimidade em processo penal e qual a importância
jurídica da mesma?

180.

Em que consiste a função processual penal do Ministério Público?

181.

O que é um crime de acusação particular?

182.

O que é o direito de queixa?

183.

Qual o âmbito da intervenção do Ministério Público em crimes dependentes de queixa?

184.

Como deve agir o Ministério Público em caso de existência de concurso de crimes públicos com semi públicos ou/e de acusação particular?

185.

Como deve considerar-se a posição do Ministério Público em processo penal?

186.

E, a posição dos órgãos de polícia criminal?

187.

Quais os pressupostos, procedimentos e efeitos da desistência da queixa?

188.

Que deve entender-se por arguido?
E, constituição de arguido?

189.

Quando há lugar à constituição de arguido?
E, quais os respectivos direitos e deveres?

190.

Suponha que um elemento de corporação policial, recebeu uma denúncia de **A,** contra **B**, instaurando o inquérito.

Na via pública, ao encontrar **B**, o agente policial constituiu-o arguido.

Quid juris?

191.

Pode um cidadão recusar a constituição de arguido? Porquê?

192.

Um agente da polícia, em serviço de patrulha, recebeu uma queixa de **B**, contra **A**.

E, cruzando-se com **A**, deu-lhe conhecimento da denúncia.

A, prestou logo declarações, pelo que o agente da GNR constituiu-o logo como arguido.

Quid Juris?

193.

Um agente da polícia, viu que **A**, já conhecido, por crimes de furto, acabava de assaltar o Tribunal, fugindo de imediato num potente motociclo.

O agente da polícia, logo que chegou à sede do comando, lavrou de imediato um auto de notícia sobre o crime praticado por **A**, e, para experimentar o *fax* que acabava de ser instalado, enviou um *fax* do auto a **A**, a constituí-lo como arguido.

Comente.

194.

B, tinha sido chamado ao posto policial para ser inquirido como testemunha.

A certa altura, estando **B,** a prestar o seu depoimento, o agente da polícia, suspendeu imediatamente o acto e, constitui **B,** como arguido.
Como explica tal actuação?

195.

O Ministério Público realizou uma acareação entre testemunhas, com vista à determinação de certas circunstâncias da prática do crime imputado a **C.**

C, queria estar presente, mas não foi convocado.

O Ministério Público acusou **C,** que veio a requerer a abertura de instrução, onde voltou a ser realizada nova acareação das testemunhas, mas **C,** também não foi convocado, apesar de querer estar presente.
Comente.

196.

O juiz de instrução reapreciou a medida de coacção de prisão preventiva, de **D,** sem o ouvir.

D, reclamou com fundamento no artigo 61º al. b) do Código de Processo Penal.
Que se lhe oferece dizer?

Exercícios Jurídicos em Matéria Criminal

197.

Estava a decorrer inquérito contra a cidadã **E,** quando esta enviou um requerimento à entidade policial que efectuava o inquérito, a pedir diligências.

Mas tal requerimento não foi aceite, dizendo a entidade policial que a cidadã não podia saber quais as diligências que interessavam, porque o processo estava em segredo de justiça.

Teria razão a entidade policial? Porquê?

198.

Estava a decorrer um inquérito contra **F**, tendo este já sido constituído arguido, quando resolveu enviar uma procuração para o inquérito constituindo advogado.

Mas, a procuração não foi aceite, alegando a entidade que presidia ao inquérito que era inoportuna tal constituição de advogado, uma vez que o processo encontrava-se em segredo de justiça, as diligências que estavam a ser realizadas não necessitavam da presença de advogado e, além do mais, nem se sabia se iria ser deduzida qualquer acusação.

Quid Juris?

199.

Um arguido de 20 anos de idade, apesar de ter constituído advogado, dispôs-se a colaborar com a entidade policial na explicação dos factos que lhe eram imputados, no inquérito que decorria.

Assim, em determinado dia, dirigiu-se na companhia exclusiva da entidade policial ao local onde tinham ocorrido os factos, para ali explicar o modo como aconteceram.

Foi lavrado auto de reconstituição dos factos.

Mas, passados uns dias, o advogado do arguido disse-lhe que aquele auto não tinha qualquer valor, porque ele advogado não tinha lá estado, nem qualquer outro defensor.

Que acha do comentário do advogado do arguido?

200.

Num debate instrutório, estava toda a gente presente menos o advogado do arguido, que não pôde comparecer por ter ficado retido pelo trânsito intenso, conforme comunicou telefonicamente.

Como o debate decorreria com brevidade, porque se resumia ao arguido e a duas testemunhas, e, disse o arguido que não era preciso advogado, o juiz realizou o debate instrutório.

Passadas duas horas compareceu o advogado do arguido, não se encontrando já ninguém presente, porque o debate já tinha terminado, e, ao saber do facto, apresentou um requerimento a pedir que se declarasse nulo o debate.

Qual a sorte de tal requerimento? Porquê?

201.

Que função desempenha o assistente em processo penal?
Quais as suas atribuições?

Exercícios Jurídicos em Matéria Criminal   79

202.

Num determinado processo quatro ofendidos constituíram-se assistentes, tendo cada qual constituído seu advogado.
Porém o juiz entendia que não era necessário tantos advogados.
Porquê?

203.

O tribunal tinha nomeado um certo defensor ao arguido, mas o arguido veio requer a sua substituição por o defensor ser advogado constituído numa causa que lhe ocupava todo o tempo.
Quid Juris?

204.

Um arguido requerera ao tribunal que substituísse o seu defensor por outro que tinha sido seu colega na Universidade.
Que fez o juiz perante tal requerimento?

205.

O tribunal nomeou um defensor ao arguido.
Mas esse defensor pediu que fosse dispensado do patrocínio porque tinha vários clientes a seu cargo.
Quid juris?

206.

Foi nomeado um defensor ao arguido durante o inquérito.

E, tendo sido deduzida acusação, já na fase do julgamento o arguido, pediu a nomeação de outro defensor, por raramente ter contactado com o primeiro, pois que, encontrava-se quase sempre no estrangeiro.

O tribunal porem só substituiu o defensor quando já tinham decorrido duas sessões do julgamento.

Quem patrocinou o arguido durante essas duas sessões?

207.

Dos quatro arguidos no mesmo processo, submetidos a julgamento perla co-autoria do crime de furto, apenas dois tinham constituído separadamente seu advogado.

Os outros dois, porém pediram ao juiz que nomeasse os mesmos advogados também como seus defensores.

Que acha que fez o Juiz?

208.

L, apossou-se de um autocarro carregado de passageiros que seguia em direcção à localidade **X**, desviando-o para a localidade **Y**.

Interceptado e detido **L**, a empresa proprietária do autocarro, requereu a constituição de assistente.

Mas o Ministério Público promoveu que fosse indeferido o requerimento.

Que fez o Juiz?

209.

N, empregado de uma Câmara Municipal, encontrava-se acusado pelo crime de peculato.

Um munícipe, que se encontrava reformado e, precisava de ocupar o tempo, resolveu constituir-se assistente em tal processo.

Haveria viabilidade de **N,** vir a ser admitido como assistente nesse processo?

210.

A, ofendido pelo crime de injúrias, deduziu pedido de indemnização civil contra o arguido, tendo o pedido sido admitido.

Mas reservou-se o direito de apresentar as provas em audiência de julgamento, por uma questão de economia e de celeridade.

O arguido porém opôs-se.

Então **A,** disse que renunciava ao pedido de indemnização civil.

Quid juris?

211.

B, deduziu pedido cível contra **C,** por este ter telefonado em várias madrugadas, para sua casa, sem autorização, acordando-o e pondo-o em sobressalto.

Notificado para contestar **C,** nada disse.

B, prescindiu das provas, alegando que bastava a falta de contestação de **C,** para se dar como provado a veracidade do alegado.

Qual a sorte do pedido cível? Porquê?

212.

B, assistente, recorreu da sentença que condenara **C**, por discordar da pena aplicada.

O Ministério Público tinha-se conformado, por considerar a pena justa.

Quid Juris?

213.

C, assistente, findo o inquérito que decorria contra **B**, deduziu acusação contra este, pelo crime de burla, apesar de o Ministério Público ter arquivado o inquérito.

Quid Juris?

214.

B, deduziu pedido cível contra **C**, no tribunal cível, por danos advindos da prática do crime de difamação de **B**, por **C**, estando a decorrer o inquérito por tal crime.

Que comentários se lhe oferece aduzir à actuação de **B**?

215.

Numa comarca de grande movimento, os processos avolumavam-se devido à quantidade distribuída.

Num desses processos, já com acusação deduzida, **D**, deduzira pedido cível contra **F**.

Exercícios Jurídicos em Matéria Criminal 83

Devido contudo ao volume de serviço, já havia nove meses que o processo aguardava que fosse designado dia para julgamento.

Então **D,** foi deduzir o pedido cível perante o tribunal cível.

Poderia fazê-lo? Porquê?

216.

As pessoas com responsabilidade meramente civil podem intervir voluntariamente no processo penal?

217.

Como correlaciona as figuras de lesado, ofendido e assistente, em processo penal?

218.

A, habilitado com o 1º ciclo do ensino básico, deduziu pela sua mão, pedido de indemnização civil contra **B,** no montante de 1000 €, no processo penal que decorria contra **B,** pelo crime de dano.

Deveria **A,** constituir advogado para deduzir tal pedido? Porquê?

Que meios tinha o lesado de reclamar a indemnização?

219.

Findo o Julgamento, o tribunal não dispunha de elementos para fixar a indemnização requerida por **J,** no pedido cível que deduzira contra **A.** Que deveria fazer o Tribunal?

Se **J,** quisesse executar a sentença penal, onde decorreria a execução?

220.

A, jovem e desempregada, tinha sido violada e, não deduzira pedido cível no processo penal instaurado contra o violador **C,** nem em separado.

Poderia o Tribunal atribuir indemnização a **A,** em caso de condenação de **C**?

221.

A senhora **X,** que acabara de tomar um *gin* tónico, dirigiu-se ao tribunal a fim de depôr como testemunha numa audiência de julgamento que se iniciou.

Encontrou lá a sua amiga **Y,** e começaram a discutir estilos de moda enquanto não chegava a vez de depôr.

Entusiasmada, a senhora **X,** falava tão alto que perturbava a audiência, a decorrer.

Apesar de avisada para não perturbar a audiência, continuou no mesmo tom.

Então o juiz ordenou a detenção da senhora **X,** até à altura da sua intervenção.

Foi legal o procedimento do Juiz? Porquê?

222.

Durante uma audiência de discussão e julgamento, uma testemunha, começou a insurgir-se contra as perguntas do Juiz, alegando que não eram importantes e revelavam ignorância de quem as fazia.

O juiz mandou, por isso, levantar auto contra a testemunha.

Porquê e para quê mandou o juiz levantar auto contra a testemunha?

223.

Para evitar que a audiência de julgamento fosse perturbada, pois que o feito implicava muitas pessoas, e receava-se alteração da ordem pública, o juiz requisitou o auxílio da força pública.

Compareceu no local um agente de autoridade que, no átrio do tribunal, dialogava via rádio com um seu superior, em voz alta, perturbando os trabalhos processuais.

Chamada a atenção do mesmo, pelo oficial de justiça, para diminuir o volume do aparelho de comunicação, respondeu que só aceitava ordens do seu superior.

Que comentário faz?

224.

Num inquérito a decorrer sobre o crime de emissão de cheque sem provisão, veio o Banco de Portugal solicitar que lhe fosse enviada cópia do cheque e das declarações prestadas pelo ofendido.

Que faria o Ministério Público perante tal solicitação?

225.

O defensor de um arguido detido, que após primeiro interrogatório judicial lhe foi aplicada a medida de coacção prisão preventiva, requereu lhe fosse entregue certidão do auto de interrogatório, pois pretendia recorrer com fundamento nas declarações prestadas pelo arguido.
Que despacho mereceria o requerimento?

226.

Num inquérito pelo crime de burla, foi noticiado pelos órgãos de comunicação social que o denunciado **C**, agira mediante ordens de **D**, sendo **D**, gerente de uma identificada agência bancária,
O agente do Ministério Público, resolveu, a pedido de **D**, que nada tinha a ver com o caso, dar uma conferência de imprensa, para esclarecimento.
Poderia fazê-lo?
Haveria algum fundamento?
E limite?

227.

Numa audiência de julgamento tendo por objecto o crime de violação, e que decorreu com exclusão da publicidade, (vulgo, à porta fechada), o tribunal ia proceder à leitura da decisão após ter mandado abrir as portas da sala de audiências, e quando esta se encontrava cheia de gente.
O defensor do arguido protestou, invocando a exclusão da publicidade, uma vez que a leitura do acórdão fazia parte do julgamento.
Perante tal requerimento foi ou não ordenada a evacuação do público da sala de audiências? Porquê?

228.

Ia iniciar-se o julgamento de um professor, por ter dado uns pontapés num aluno de 17 anos de idade, quando este lhe açulou o seu cão.

Alguns colegas do ofendido, sendo todos da mesma idade deste, entraram na sala apara assistir à audiência.

Mas, o juiz ordenou-lhes que saíssem da sala.

Haveria alguma razão para que os colegas do ofendido saíssem da sala?

229.

Encontrava-se a decorrer um julgamento por crime de abuso de liberdade de imprensa, cometido através de uma estação de televisão e, gravado por esta, pois que o tribunal autorizara a transmissão de imagens e som, do julgamento, por essa estação de televisão.

Porém, o jornalista **Z**, no momento de depor, disse que quanto a si não autorizava imagens nem tomada de som.

Seria bastante para a televisão em causa, interromper a gravação?

Justifique a resposta.

230.

Qual os termos e limites do segredo de justiça num processo em que ainda não tenha havido acusação, no que respeita ao arguido, assistente ou partes civis?

231.

Que diferença existe entre juramento e compromisso?

232.

Num julgamento, após identificação de uma testemunha, a mesma não quis prestar juramento.
Que consequência jurídica adviria de tal facto?

233.

Estava a decorrer um julgamento, quando chegou a altura de inquirir a testemunha **F,** que era cidadão francês, e, viera de França para depôr.
Prestou o seu depoimento em francês, o que não levantou objecções por todos os intervenientes dominarem bem a língua francesa, e ser aliás uma língua oficial da União Europeia.
Que consequências jurídicas importaria tal depoimento?

234.

O Tribunal publicou uma sentença manuscrita.
O advogado do arguido quis lê-la mas, não conseguiu decifrar a letra do Juiz.
Que devia fazer o Sr. Advogado para poder ler a sentença?

235.

Uma determinada testemunha, ao ser inquirida em tribunal, tirou do bolso do casaco um papel escrito, que redigira em casa sobre os factos dos autos a que ia depôr, e, começou a lê-lo.

Quid juris?

236.

Uma determinada testemunha após prestar juramento legal, em julgamento, disse que nada mais tinha a dizer além do já dito no inquérito.

Quid Juris?

237.

No início da audiência, estava a ser interrogado o arguido, quando este, que se encontrava assistido por defensor, em determinada altura exibiu um requerimento ao Sr. oficial de justiça, para entregar ao Tribunal, o que este fez.

Ouvido o Sr. defensor, este disse que se desse sem efeito tal requerimento, uma vez que era ele defensor quem assegurava o exercício do direito de defesa do arguido.

Que terá feito o Tribunal perante a apresentação de tal requerimento?

238.

O que é um despacho?

239.

O que é um auto?
E, uma acta?

240.

Estava um processo, com folhas soltas para nele serem incorpora-
das, junto a uma janela, quando irrompeu súbita ventania, que fez sumir
algumas dessas folhas.

Como pode reorganizar-se o processo, se tais folhas não forem
encontradas?

241.

Em que tempo e prazo se praticam os actos processuais?

Exercícios Jurídicos em Matéria Criminal 91

242.

A notificado para compareceu a determinada diligência, não compareceu nem justificou a falta.

A que sanções fica sujeito?

243.

J, estava em prisão preventiva há onze meses, quando se realizou o julgamento, vindo a ser condenado em dez meses de prisão, e ficando a pena suspensa na sua execução por determinado período, por se verificarem os pressupostos indicados no artº 50º do Código Penal.

Que comentários se lhe oferece apresentar?

244.

Foi efectuada uma busca por órgão de polícia criminal na casa de habitação de **C**, onde **D**, viera passar uns dias a convite de **C**.

A busca destinava-se à localização e apreensão de estupefacientes proibidos por lei, supostamente na posse de **D**, referenciado na polícia como traficante, e, foi realizada com autorização de **D**.

Num armário do quarto de dormir de **D**, foi encontrada droga.

Em julgamento, **D,** alegou que a droga era exclusivamente pertença de **C** e, alegou a nulidade da busca por não ter tido o consentimento de **C**.

C, ouvido, declarou que a apreendida droga não era sua mas que, na verdade não tinha autorizado a busca na sua residência.

Quid juris?

245.

Após primeiro interrogatório judicial de **R**, arguido detido, e dada a palavra ao Ministério Público, o respectivo magistrado promoveu a aplicação da medida de coacção prisão preventiva, por se verificarem os requisitos referidos no artº 204º do Código de Processo Penal, aludindo ao facto de o arguido ter entrado numa residência particular e, de lá ter retirado bens avultados sem autorização do dono, conforme indícios existentes nos autos.

O Juiz de instrução aplicou a medida de coacção proposta aludindo à verificação dos respectivos requisitos, remetendo para os motivos de facto indicados pelo Ministério Público, e indicando as disposições legais incriminatórias.

Tal despacho merece-lhe alguma crítica ou não? Porquê?

246.

Que diferença existe entre um meio de prova e, um meio de obtenção de prova?

247.

Como distingue um exame, de uma perícia?

248.

Numa determinada comarca, o oficial de justiça fez a chamada dos intervenientes para a realização de uma audiência de julgamento, em processo comum, oportunamente marcada.

Exercícios Jurídicos em Matéria Criminal   93

Todavia o agente do Ministério Público informou que devido a serviço urgente e inadiável, entretanto surgido, não podia comparecer. O juiz porem realizou o julgamento e proferiu sentença. Que se lhe oferece dizer?

249.

Num processo em que fora designada data para julgamento com intervenção do tribunal colectivo de vários arguidos que se encontravam detidos à ordem desse processo, na data aprazada, encontravam-se todos os intervenientes presentes, com excepção de um dos juízes que integravam o tribunal, que por motivos imprevistos, não pôde comparecer.

Porém, o juiz presidente, para não protelar a prisão preventiva dos arguidos e, atendendo ao elevado número de testemunhas presentes, algumas vindo de longe, e sabendo que se encontrava ocasionalmente no tribunal um reputado professor universitário de direito penal, que se encontrava de férias, nomeou-o para compor o tribunal, substituindo o juiz faltoso.

Que efeitos acarretaria tal nomeação?

250.

Durante uma audiência de discussão e julgamento, em processo comum, o arguido, que estava em liberdade provisória mediante termo de identidade e residência, em determinada altura, ausentou-se da sala de audiências e, do edifício do tribunal, invocando o seu direito à liberdade, dizendo que oportunamente compareceria, porque precisava de ir apanhar ar.

O julgamento prosseguiu com produção da prova, e foram produzidas as alegações, nomeadamente pelo defensor do arguido, sem que porém este jamais regressasse.

O Tribunal, contudo, uma vez que estava produzida a prova, e feitas as alegações, declarou encerrada a discussão da causa e designou data para a leitura da sentença, nos termos legais.

Que crítica se lhe oferece produzir sobre os procedimentos do arguido e, do tribunal?

251.

Num julgamento em processo comum de um cidadão estrangeiro que dominava bem a língua portuguesa, o mesmo através do seu defensor apresentou um documento escrito em espanhol, para prova da condição económica e familiar, aduzindo o defensor que ele mesmo se encarregaria de apresentar com brevidade em tribunal pessoa que podia ser nomeada intérprete.

O juiz disse que tal não era necessário por ser facilmente intelegível o documento, pois que dominava bem a língua espanhola.

Após encerramento ainda nesse dia da discussão da causa, o tribunal marcou a leitura da sentença para o dia seguinte.

Mas no dia seguinte, reaberta a audiência para leitura da sentença, o defensor do arguido apresentou logo um requerimento a reclamar uma nulidade.

Que espécie de nulidade acha que foi reclamada pelo defensor do arguido? Porquê?

Que acha que devia fazer o juiz perante tal requerimento?

252.

Como distingue nulidade, de irregularidade e, quais os efeitos?

Exercícios Jurídicos em Matéria Criminal 95

253.

Num processo de instrução após ter sido encerrado o debate instrutório, o assistente reparou que uma das testemunhas indicadas no requerimento de abertura de instrução não tinha sido inquirida, por não ter sido expedida, conforme tinha sido oportunamente ordenado, a expedição de carta precatória para o efeito.

Como o depoimento de tal testemunha se revelava essencial para a descoberta da verdade, o assistente, dirigiu logo um requerimento ao processo, solicitando a inquirição em falta da referida testemunha.

Em que fundamento processual assentaria o requerimento do assistente, e, que despacho viria a ser proferido sobre o requerimento apresentado?

254.

Por lapso, um juiz não indicou na sentença a motivação da convicção do tribunal.

Mas os demais intervenientes processuais entendiam que a decisão estava justa e concordavam com ela.

Que poderia fazer o juiz?

255.

Num primeiro interrogatório judicial de arguido detido, e devidamente assistido por defensor, o juiz de instrução findo o interrogatório, proferiu despacho sem ter ouvido quer o Ministério Público, quer o defensor, a determinar a prisão preventiva do arguido.

Será válido tal despacho? Porquê?

256.

O que entende por princípio da legalidade da prova?

257.

O que é o princípio da livre apreciação da prova?
Quais os seus termos e limites?

258.

Como se estrutura o modo de produção da prova testemunhal?

259.

Num processo por crime de tráfico de pessoas, tornava-se necessário o depoimento da testemunha **Q,** por ser indispensável à descoberta da verdade.

Ao ser inquirida, surgiu imediatamente a dúvida se a mesma se encontraria em perfeita sanidade mental.

Como poderia o tribunal providenciar?

260.

Num processo de assalto a uma agência bancária, encontravam-se a ser julgados os arguidos **A, B,** e **C**, que tinham confessado os factos em inquérito, nomeadamente que se introduziram na agência por meio da chave de uma das portas que tinham subtraído à mulher de limpeza, e uma vez lá dentro, apoderaram-se de valores monetários em vários milhares.

Inexistia prova testemunhal, pois que o assalto fora feito pela calada da noite, sem que ninguém se tivesse apercebido do mesmo,

Em julgamento, porém, os arguidos **A,** e **B,** negaram os factos, e disseram que tinha sido **C,** o autor do assalto, por terem visto o mesmo a introduzir-se no interior da agência bancária quando ocasionalmente passavam no local.

C, por sua vez negou, dizendo que apenas deu boleia a **A,** e **B,** até ao local, sem saber qual o motivo por que estes ali ficaram.

Como decidiria o tribunal?

261.

F, marido de **G,** tinha sido acusado pelo crime de homicídio de sua mulher por estrangulamento pois que **G,** tinha sido encontrada morta em sua casa com sulco em volta do pescoço e com um cordel em volta do mesmo, deitada no chão, numa sala cujo tecto era directamente o telhado assente em vigas de madeira.

G, encontrava-se deitada ao lado de uma cadeira.

Cerca de uma hora antes da morte de **G,** tinha sido visto **F,** a abandonar a casa, dirigindo-se para o local de trabalho, onde chegou meia hora depois.

Entendia a acusação que o cordel fora posto por **F,** para disfarçar a sua acção letal contra **G.**

A autópsia considerou que a morte foi devida a asfixia por estrangulamento do atlas.

Qual teria sido a decisão do tribunal? Porquê?

262.

L, que se encontrava casada com **D**, em segundas núpcias, separou-se de **D**, e queixou-se contra ele, alegando que ele lhe batia para manter relações sexuais.

L, veio a saber que **D**, cometera factos idênticos quando se encontrara casado com **M**.

L, requereu ao tribunal a indicação de **M**, como testemunha para depôr sobre a personalidade de **L**.

O tribunal deferiu.

Mas na altura do julgamento, quando **M**, foi chamada a depôr, **M** recusou prestar depoimento.

Porquê recusou **M**, a prestar depoimento?

O tribunal desencadeou algum procedimento, relativamente a tal finalidade?

263.

Num simpósio de medicina, o médico **A**, afirmou haver indívíduos com tuberculose a trabalhar em restaurantes naquela localidade.

Uma jornalista que estava a fazer a reportagem publicou tal excerto das declarações do clínico num jornal daquela localidade.

Um agente do Ministério Público ao ler o jornal e deparando com tal notícia, levantou logo um auto e chamou o médico para prestar declarações.

Mas o médico recusou-se a depôr.

Poderia ser levantado aquele auto? Porquê?

Poderia o médico recusar-se a depôr? Porquê?

Como sair do impasse?

Exercícios Jurídicos em Matéria Criminal 99

264.

Um assassino, com remorsos do seu acto tresloucado, foi confessar-se a um sacerdote, identificando-se, e mostrando-se arrependido, pedindo a absolvição de tão hediondo pecado.

Tinha chegado ao conhecimento da entidade policial que investigava a identificação do homicida, que este se abeirara desse conhecido sacerdote e, abordando este, intimou-o a depôr para que revelasse a identidade do assassino, sob pena de incorrer num crime de desobediência, e permitir que o assassino voltasse a cometer outros crimes, mas o sacerdote ao depôr, refugiou-se no silêncio, e não identificou o homicida, embora se confrontasse com um conflito de deveres entre a sua consciência de cidadão e o seu múnus de sacerdote.

Será que o sacerdote poderia desrespeitar a intimação da entidade policial?

Será que o sacerdote poderia ser julgado por tal omissão?

Como poderia o sacerdote ficar tranquilo consigo próprio?

265.

Durante uma investigação de crimes de natureza fiscal, houve necessidade de obtenção de informações junto de Repartições de Finanças, sobre a titularidade de números de contribuintes.

Mas as repartições de Finanças, consideraram que tais informações iam colidir com o segredo de Estado.

Como resolver a questão?

266.

N, era um perigoso cadastrado, em crimes contra a integridade física e, já tinha cumprido várias penas de prisão.

Encontrava-se em liberdade, quando de novo regressou à senda do crime, dando uma grande sova a um amigo seu por causa de desavenças de futebol, de forma que o seu amigo teve de ser assistido no hospital.

Detido, foi levado à presença do Juiz de intrução criminal para interrogatório, algemado.

O Juiz ordenou que lhe retirassem as algemas, contra a sugestão da entidade policial.

Comente.

267.

O arguido **F,** foi detido porque tinha morto a sua mulher com o disparo de uma caçadeira.

Ao comparecer perante o Juiz de instrução, para interrogatório, disse que estava apenas a limpar a espingarda de caça, que pensava estar descarregada, pois era caçador, quando inadvertidamente, a sua mulher apareceu à sua frente, quando lubrificava o gatilho e a arma se disparou.

F, insistia que dizia a verdade e que como não havia detector de mentiras em Portugal, queria prestar juramento.

Depois de ser constituído como arguido, prestou juramento? Porquê?

268.

Qual a relevância processual das declarações do arguido?

269.

Findo o interrogatório judicial de arguido detido, o seu defensor pediu ao juiz que lhe fossem feitas ainda outras perguntas, que iria indicar.

O Juiz disse ao defensor que apresentasse o requerimento na secretaria porque tinha de apreciar se as perguntas eram ou não importantes. O defensor, perante tal, interpôs recurso para a acta. *Quid juris?*

270.

Em flagrante delito pelo crime de furto, foi detido **S,** e, levado ao tribunal para ser interrogado pelo juiz de instrução. Mas este magistrado encontrava-se fora, a presidir a outra diligência, desconhecendo-se quando regressaria.

Então o detido foi presente ao magistrado do Ministério Público.

Que faria o magistrado do Ministério Público?

271.

Num crime de introdução em lugar vedado ao público, **A**, ofendida, foi indicada como testemunha.

Porém, **A**, notificada da acusação, deduziu pedido cível contra o arguido.

Em julgamento, **A,** prestou juramento? Porquê?

272.

O que é uma acareação?

273.

Quais os pressupostos e procedimento da reconstituição de um facto?

274.

Quando tem lugar a prova pericial?

275.

O que é um relatório pericial?

276.

E um relatório social?

277.

Uma chapa de matrícula de um veículo automóvel é um documento? Porquê?

Exercícios Jurídicos em Matéria Criminal

278.

No último dia de prazo de realização de determinado inquérito, o assistente veio requerer a junção de um documento.

Que actuação teria o Ministério Público perante tal documento?

279.

Em audiência de julgamento, depois de encerrada a discussão da causa, o defensor do arguido requereu a junção de parecer de um jurisconsulto.

Seria aceite? Porquê?

280.

A, realizou com **B,** escritura pública onde constava que **B,** vendia a sua casa de habitação a **A,** tendo desta já recebido o dinheiro.

A, não sabia ler, e apenas sabia escrever o nome.

B, disse que nunca declarou vender, e que assinou a escritura pensando que se tratava de um contrato de arrendamento com **A,** pois tinham combinado, por influência determinante de **A,** que **B,** arrendava a sua casa de morada a **A,** que não tinha casa própria onde morar e, que esta por sua vez não pagaria renda mas que tomaria **A,** ao seu cuidado.

A não ser assim, **B,** não estaria interessada no negócio, nem interviria na escritura feita.

As testemunhas inquiridas declararam que **A,** e **B,** sempre se referiram antes da realização da escritura a um contrato de arrendamento, que era vantajoso para **A,** e **B,** pois que **A,** não tinha casa própria onde morar e, que esta por sua vez não pagaria renda mas que tomaria **A** ao seu cuidado.

A, foi acusada e submetida a julgamento.

Foi porém absolvida com fundamento no princípio *in dubio pro reo.*

Mas o tribunal declarou falsa a escritura.

Que crime teria sido imputado a **A**?

Poderia o tribunal na sentença declarar falsa a escritura?

Se o tribunal não declarasse falsa a escritura, poderia dar como provados os factos constantes da mesma?

281.

Durante determinada investigação criminal, a competente autoridade judiciária, determinou que **K,** comparecesse no tribunal para lhe serem recolhidas impressões digitais.

K, compareceu no tribunal mas, recusou-se a fornecer as suas impressões digitais, porque ficava com as mãos sujas.

Quid juris?

282.

Numa operação *Stop*, pela entidade policial encarregada de fiscalização do trânsito, foi ordenado a **J,** que se submetesse à prova de pesquisa de álcool no sangue, pelo método do ar expirado, no aparelho técnico posto ali à sua disposição, bastando apenas soprar na boquilha do mesmo.

J, disse que não lhe apetecia soprar, nem havia lei nenhuma que o obrigasse a alterar o ritmo da sua respiração.

Que poderia fazer a entidade policial?

283.

Um agente de autoridade viu **T,** entregar um panfleto de heroína a **V.**

Exercícios Jurídicos em Matéria Criminal 105

Por isso, deu voz de prisão a **T,** e revistou-o, mas, apenas lhe encontrou uma nota de 20 €, que lhe apreendeu.

V, pôs-se em fuga.

T, disse que apanhara o panfleto para entregar a **V,** que o deixara cair e, queixou-se contra o agente de autoridade por ter sido revistado contra sua vontade.

Comente.

284.

Qual a diferença entre uma revista e, uma busca?

Quais os respectivos pressupostos e, formalidades a que obedecem?

285.

Um órgão de polícia criminal, após estar na posse de um mandado de busca emitido pelo juiz de instrução criminal que a tinha ordenado, ao escritório de um advogado, efectuou a mesma.

Mas ao ser junto aos autos o auto de busca, o mesmo juiz proferiu despacho a declarar nula a busca.

Quem podia ordenar a busca?

Se o juiz tinha ordenado a busca, poderia declará-la nula? Porquê?

286.

O Juiz de instrução autorizou que se efectuasse uma busca à residência de **R,** vendedor ambulante, por haver suspeita de ali se encontrar mercadoria contrafeita.

A entidade policial encarregada da busca, e querendo ao mesmo tempo confrontar **R,** com a mercadoria que era suposto o mesmo deter em sua casa, pois que não havia ainda qualquer prova, efectuou a busca às 21, 30 m, altura em que sabia que **R,** se encontrava em casa.

A entidade policial apreendeu dezenas de peças de vestuário, que se encontravam etiquetadas como pertencentes a uma marca famosa, mas que era apenas uma imitação da marca.

R, no dia seguinte reclamou que fosse entregue a mercadoria, pois que era sua propriedade e tinha sido adquirida no seu giro comercial.

Seria entregue a **R** a mercadoria apreendida?

Justifique.

287.

Posteriormente a uma busca efectuada pelo juiz de instrução ao consultório médico de **A**, no âmbito de uma investigação de substâncias estupefacientes proibidas por lei, veio o médico **A,** reclamar perante o juiz por não ter sido avisado o conselho local da Ordem dos Médicos.

A, poderia reclamar da busca efectuada? Porquê?

288.

A, encontrando-se num país estrangeiro, endereçava cartas a **B**, que se encontrava em Portugal.

Corria um processo de inquérito contra **C**, amigo de **B**, por suspeita de estar envolvido no tráfico de armas, e, suspeitava-se que essas cartas se destinavam realmente a **C**, e poderiam interessar à investigação.

O Ministério Público requereu ao Juiz de instrução a apreensão de toda a correspondência expedida a **B**, enquanto decorresse a investigação contra **C**.

Quid Juris?

289.

Num inquérito contra **D**, por suspeita de tráfico de droga, foi ordenada a apreensão da correspondência expedida por **D**, incluindo a dirigida ao seu defensor, afim de se determinar a amplitude dos agentes envolvidos no tráfico.

Numa das cartas expedidas por **D**, ao seu defensor, informava-o da única transacção de droga em que participara e aludia a outras transacções de droga em que não tinha participado, identificando os intervenientes.

O Defensor, ao saber que a correspondência que lhe era dirigida por **D**, vinha sendo apreendida, fez um requerimento ao Juiz de instrução a solicitar a entrega das cartas.

Com que fundamento terá sido formulado tal requerimento?

E em que sentido terá despachado o juiz?

290.

Como correlaciona busca e, apreensão?

291.

Num inquérito sobre contrabando de chocolates, ocorreu a apreensão de várias toneladas de chocolates, sem que se conseguisse apurar dos agentes da infracção que em alto mar, escaparam às autoridades marítimas.

Que destino viria a ser dado aos chocolates?

292.

Num crime de falsificação de obras de arte, foram apreendidos a **A**, oito quadros afim de se apurar da sua autenticidade.
Conseguiu-se apurar-se que 4 deles eram falsos.
Qual o destino a dar aos quadros?

293.

Num investigação criminal de associação criminosa, o órgão de polícia criminal, de sua iniciativa, procedeu a escuta telefónica de uma reunião dessa associação, com que ocasionalmente se deparou, a fim de recolher e preservar a prova.
Comente a acção do órgão de polícia criminal.

294.

Num inquérito por devassa à vida privada, o juiz autorizou operações de intercepção e gravação de comunicações telefónicas.
O órgão de polícia criminal encarregado de tais operações tomou logo conhecimento do seu conteúdo, para saber se tinham sido registadas em condições.
Posteriormente o juiz considerou que as gravações efectuadas não tinham interesse.
Que comentário se lhe oferece fazer?

Exercícios Jurídicos em Matéria Criminal   109

295.

Quais os pressupostos e critérios de aplicação de medidas de coacção?

296.

B, casado, funcionário público, durante um comício ofendeu voluntária e corporalmente **C**, e **D** e, quando chegou a casa, deu duas bofetadas no seu filho menor, por estar a ver televisão em vez de estudar

C, e **D**, queixaram-se e, a mulher de **B**, também apresentou queixa.

Após interrogatório de **B**, foi-lhe aplicada a medida de coacção de suspensão do exercício da função pública e do exercício do poder paternal.

Que comentário se lhe oferece aduzir?

297.

Foi aplicada a **F**, a medida de coacção de prisão preventiva, por indícios da prática de vários crimes de burla p. e p. no artº 215º nº 1 do Código Penal.

Comente.

298.

Foi aplicada a **J**, a medida de coacção de prisão preventiva, por um crime de abuso de confiança p. e p. no artigo 205º n ºs 1 e 4 a) do Código Penal.

J, discordou da aplicação dessa medida de coacção, por entender ser suficiente a medida de coacção de obrigação de permanência na habitação. Comente.

299.

K, e **W,** cidadãos estrangeiros, a trabalharem legalmente em Portugal, e, com salários em atraso, assaltaram de comum acordo um supermercado, donde retiraram contra a vontade do dono, bens alimentares, de valor superior a 2000 €, pois que andavam, cheios de fome, e queriam garantir um *stock* de bens alimentares, para prevenir a falta de dinheiro e a consequente, impossibilidade de adquirirem bens alimentares.

Detidos e interrogados, foi-lhes aplicada a medida de coacção prisão preventiva.

Que fundamento ou fundamentos, poderiam ter levado à aplicação de tal medida?

300.

G, grávida, encontrava-se em prisão preventiva, quando chegou o momento de dar à luz.

Quid juris?

301.

O que é o *habeas corpus?*

Exercícios Jurídicos em Matéria Criminal 111

302.

F, tinha sido detido há vinte meses, mantendo-se sempre em prisão preventiva, pelo crime de contrafacção de moeda, com a intenção de a pôr em circulação, e ainda não tinha sido julgado, embora já tivesse julgamento marcado.

O defensor de **F,** requereu o *habeas corpus.*

Quid Juris?

303.

Determinado país estrangeiro enviou carta rogatória a um juiz de instrução criminal, em Portugal, pedindo-lhe o julgamento de um português que naquele país praticara determinado ilícito, fugindo depois para Portugal.

Que terá feito o Juiz de instrução criminal português?

304.

Um tribunal penal estrangeiro condenara **K,** em pena de prisão e enviou certidão da sentença e do processo a que respeitava, às autoridades portuguesas, pedindo que **K,** a residir em Portugal, cumprisse a pena.

Quid juris?

305.

C, vendo H, injuriar G, denunciou o facto á entidade policial, que lavrou logo auto de denúncia e remeteu-o ao Ministério Público.

Que destino terá sido dado ao auto de denúncia enviado pela entidade policial?

306.

Quando B, cidadão estrangeiro se encontrava no mercado municipal a comprar fruta, foi abordado por um órgão de polícia criminal que lhe pediu a identificação.

Como B, não falasse português, nem era portador de qualquer meio de identificação, o órgão de polícia criminal levou-o para a esquadra onde o mesmo foi compelido a permanecer algumas horas, na realização de exames dactiloscópicos e fotográficos, após o que foi mandado embora.

Poderia B queixar-se de algum comportamento ilícito do órgão de polícia criminal? Porquê?

307.

A que formalidade obedecem as diligências de prova realizadas no decurso do inquérito?

Exercícios Jurídicos em Matéria Criminal 113

308.

Como distingue um mandado de comparência, de um mandado de detenção?

309.

Um agente de autoridade presenciou dois jovens de 20 anos, no seu bairro, a destruírem um semáforo, durante a noite, na via pública.

Chegado ao posto policial, fez um relatório escrito ao seu superior, que, por ter muito serviço a cargo e querer averiguar se a destruição do semáforo foi um acto ocasional, guardou o relatório na gaveta.

Comente.

310.

O Ministério Público proferiu despacho de arquivamento de um inquérito que se fundamenta na denúncia de **B** contra **A,** pelo crime de ofensas corporais simples.

Legalmente como poderia reagir **B,** perante esse despacho de arquivamento?

311.

Tinha sido deduzida acusação contra **C,** pelo crime p. e p. no artº 199º nº 1 a) do Código Penal, e, encontrava-se o processo na fase de instrução, requerida por **C**, quando o Ministério Público requereu a suspensão do processo, o que foi deferido pelo prazo de três anos. Comente.

312.

A, atropelou **B**, quando conduzia o seu motociclo, e, em consequência, viu **B**, cair no chão e ficar imóvel.

Porém, **A**, continuou a marcha.

Porque entretanto passou no local uma ambulância, esta socorreu **B**, que apresentava fractura de uma costela.

Findo o inquérito, o Ministério Público decidiu-se pela suspensão provisória do processo.

Seria eficaz tal decisão? Porquê?

Se apenas **B**, discordasse de tal decisão, como poderia reagir e, com que fundamento?

313.

Num inquérito pelo crime previsto no artigo 152º nº 1 a) do Código Penal, a mulher do arguido requereu a suspensão provisória do processo. *Quid Juris*?

314.

Foram distribuídos num Tribunal vários inquéritos com acusação deduzida.

Num deles, a acusação identificava o arguido pelo nome, sem fornecer outros elementos de identificação.

Exercícios Jurídicos em Matéria Criminal 115

Noutro, a acusação não indicava o lugar, nem o tempo da ocorrência dos factos.

Noutro, a acusação não indicava as disposições legais aplicáveis.

Noutro a acusação indicava vinte e duas testemunhas.

Noutro, a acusação não se encontrava datada.

Noutro a acusação não se encontrava assinada.

Conclusos os autos ao Juiz, *quid juris?*

315.

Findo um inquérito, veio a ser deduzida acusação contra **D**, nomeando-se-lhe defensor.

Porém a acusação não pôde ser notificada a **D**, por contacto pessoal ou, por via postal registada .

Como se resolve a situação?

316.

Num crime de ofensa à integridade física simples p. e p. no artigo 143° n° 1 a) do Código Penal, o queixoso **A,** constituiu-se assistente e, findo o inquérito apresentou de imediato a acusação.

O Ministério Público ao lê-la e, porque concordava com ela, disse que acompanhava essa acusação.

Não houve instrução.

Remetidos oportunamente os autos para julgamento, que despacho deveria proferir o Juiz?

317.

Num inquérito por crime de difamação em que **B,** se constituiu assistente, foi produzida a prova e encerrado o inquérito.

Qual a actuação do Ministério Público após ter encerrado o inquérito?

318.

A entidade policial deteve **J,** por se encontrar a conduzir um veículo automóvel, em estado de embriaguez..

Sendo **J,** presente ao Juiz, para julgamento em processo sumário, requereu porém, através do seu defensor, adrede nomeado, se procedesse a instrução para inquirição de testemunhas, que não se encontravam presentes, nomeadamente o seu médico assistente, que seguia consigo na altura e, sabia que o arguido não tinha ingerido álcool, pois que apenas tinha comido uns bombons com recheio de licor.

Que comentários críticos lhe merece a situação e, de que modo poderá ser resolvida?

319.

Conhece algum caso em que haja debate instrutório sem ter havido instrução?

Exercícios Jurídicos em Matéria Criminal 117

320.

C, arguido, requereu a abertura de instrução por discordar da acusação, requerendo ao juiz a inquirição de novas testemunhas, que indicou, sobre todos os factos da acusação, por os não ter cometido.
Como poderia agir o juiz de instrução?

321.

Foi arquivado um inquérito por desconhecimento dos agentes da infracção, num crime semi-público.
Mas, o assistente, notificado, veio requerer a abertura de instrução contra incertos, ao abrigo do disposto no artigo 287º nº 1 b) do Código de Processo Penal.
Quid juris?

322.

Um juiz de instrução criminal, tendo em vista a celeridade processual, proferiu despacho em vários processos pendentes, a delegar no Ministério Público a direcção da instrução, e, sem prejuízo da assistência pelos órgãos de polícia criminal.
Comente.

323.

Ao apreciar um determinado requerimento de abertura de instrução, o juiz de instrução deferiu a realização de umas diligências e recusou outras.
Poderia o requerente recorrer? Porquê?

324.

Num requerimento de abertura de instrução, o arguido pediu a reinquirição das testemunhas ouvidas no inquérito, por terem omitido factos essenciais de que tinham conhecimento.
Quid juris?

325.

Durante a instrução, chegou ao conhecimento do juiz que uma das testemunhas , aliás já inquirida no inquérito, ia ausentar-se para o estrangeiro, por período de tempo prolongado na sequência de um contrato de trabalho que tinha firmado com uma multinacional.
Deveria o Juiz desencadear alguma diligência?

326.

O juiz de instrução criminal declarou aberta a instrução, na sequência de requerimento para o efeito.
Todavia, verificou que não foi requerido qualquer acto de instrução.
Quid juris?

327.

O que é o debate instrutório?
E, decisão instrutória?

328.

Após ter sido encerrado o debate instrutório e, quando o juiz se preparava para proferir decisão instrutória, revelou-se a existência de elementos com interesse para a descoberta da verdade, desconhecidos até então na instrução e, por isso não realizados.
Que poderia fazer o juiz?

329.

Durante os actos de instrução, o juiz considerou haver alteração dos factos descritos na acusação.
Que deverá fazer o juiz?

330.

Durante o debate instrutório resultou fundada suspeita de existirem factos que representam alteração substancial do requerimento para abertura de instrução.
Quid inde?

331.

Um juiz de instrução ao proferir despacho de pronúncia, começou por descrever os factos que considerava indiciados.
Comente.

332.

Num processo de instrução requerido por um dos vários arguidos, realizada e encerrada a instrução, deverá ou não o juiz limitar os efeitos da instrução somente ao requerente? Porquê?

333.

O juiz de instrução pronunciou o arguido pelos factos constantes da acusação do Ministério Público.
Notificado, o arguido interpôs recurso.
Quid juris?

334.

O arguido reclamou uma nulidade do despacho de pronúncia.
Essa reclamação foi, porém, desatendida.
O arguido apresentou então requerimento a interpor recurso do despacho que desatendeu a reclamação.
A que tribunal dirigiu o arguido a reclamação de nulidade?
Que despacho mereceu o requerimento de interposição de recurso?

335.

A que formalidades obedece uma contestação?

Exercícios Jurídicos em Matéria Criminal   121

336.

Um juiz designou dia e hora, para a audiência em determinado processo, sem indicar os factos e disposições legais aplicáveis, fazendo apenas remissão para a acusação, e, sem que nomeasse defensor ao arguido, pois iria nomeá-lo em audiência, se o arguido não tivesse, entretanto, advogado constituído.

O arguido ao ser notificado, foi falar com um advogado, para impugnar tal despacho.

Como poderia ser feita a notificação do arguido?

Haveria fundamento de impugnação do despacho?

Em que termos?

337.

Num processo por crime de difamação, a assistente, na antevéspera da data designada para julgamento, veio requerer a inquirição de mais três testemunhas, além das 20 já indicadas sobre o objecto da acusação, residindo duas delas fora da comarca.

Quid juris?

338.

Num inquérito foi deduzida acusação contra o único arguido, e, por isso, a acusação, entendeu que bastava para a sua identificação referir-se, como se referiu, "ao arguido dos autos".

O presidente do tribunal examinando o inquérito não tinha dúvidas sobre quem recaía a acusação.

Que fez então o presidente do tribunal?

339.

Num inquérito foi deduzida acusação contra uma arguida, respeitando a acusação as exigências formais legais.

Contudo, por lapso não constava da acusação a indicação do crime imputado à arguida.

Quid juris?

340.

Num inquérito foi deduzida acusação contra dois arguidos, de harmonia com as formalidades legais, descrevendo a acusação que os arguidos agiram conjuntamente mediante plano préviamente combinado entre eles, no assalto a uma ourivesaria.

Porém , ao indicar as disposições legais aplicáveis, fê-lo apenas com referência a um dos arguidos.

Quid juris?

341.

A assistente deduziu acusação contra **A**, por este, quando passeava na via pública, ter parado a olhar para ela fixamente, quando a assistente, que se encontrava de mini saia, se encontrava curvada a regar as flores na varanda do 1º andar de sua casa, sentindo-se devassada na sua intimidade e, por isso, lhe imputava o crime p. e p. no artº 192º nº 1 c) do C.Penal.

O Juiz terá ou não recebido a acusação? Porquê?

Exercícios Jurídicos em Matéria Criminal 123

342.

O arguido tinha indicado a testemunha **Z**, como abonatória da sua condição pessoal e económica.

Tal testemunha não vivia na área da comarca do julgamento, mas sim na comarca próxima, numa localidade que, por sinal, era mais perto da sede do tribunal de julgamento do que da sede da comarca próxima.

O juiz do processo deprecou a inquirição da testemunha **Z,** ao Exmo Colega da comarca próxima.

Mas, o juiz deprecado, recusou-se a cumprir o solicitado, por entender que era mais fácil à testemunha em causa deslocar-se à audiência de julgamento, do que ser inquirida na comarca próxima, pois a distância em relação ao tribunal do julgamento era menor e, até a estrada era melhor.

Em que tribunal poderia ser ouvida a testemunha?

Em que tribunal deveria ser ouvida a testemunha?

A manter-se impasse na inquirição da testemunha, como resolver?

343.

Um determinado perito, informou o Tribunal de que não poderia comparecer à audiência na data designada, por nessa data estar e realizar uma peritagem que impossibilitava ausentar-se do local da mesma.

As declarações desse perito eram porém essenciais à discussão da causa.

Como poderia o tribunal resolver a situação?

344.

Estava a decorrer uma audiência de julgamento, com a sala cheia de gente e, como fazia corrente de ar, o funcionário fechou a porta da sala de audiências

Apareceu entretanto um órgão de comunicação social que queria entrar.

Mas, mal entreabriu a porta, o funcionário disse-lhe que não podia entrar porque a sala já estava cheia e voltou a fechar a porta, sem que o jornalista tivesse entrado.

O jornalista em causa, que por acaso, até já tinha sido advogado, publicou um artigo no jornal, no dia seguinte, criticando o tribunal por estar a realizar um acto nulo.

O juiz, ao ler a notícia sentiu-se injuriado e, comunicou ao Ministério Público, que deu início a um inquérito por crime de abuso de liberdade de imprensa.

Convocado oportunamente o jornalista para ser interrogado como arguido, ao comparecer, declarou que tinha dito a verdade e, que o juiz não podia sentir-se injuriado por consentir a prática de um acto nulo.

Veio a ser deduzida acusação.

E, remetida ao Tribunal, o presidente, ficou na dúvida se haveria ou não de receber a acusação, mas à cautela, recebeu-a e designou data para julgamento.

O jornalista indicou aquele referido funcionário como testemunha.

Procedeu-se a julgamento e, o jornalista veio a ser absolvido.

Que comentários jurídicos se lhe oferece aduzir?

345.

Estava a decorrer uma audiência de discussão e julgamento, em processo comum, em que havia 4 arguidos, 2 declarantes e várias testemunhas.

Atento o adiantado da hora, o tribunal, após ter interrogado os arguidos, interrompeu a audiência para continuar daí a cinco dias.

Como justifica o despacho do tribunal?
Quando se reiniciou a audiência, quem devia ser ouvido em primeiro lugar?

346.

Depois de terem sido inquiridas as testemunhas de acusação, em audiência de discussão e julgamento, o tribunal achou necessário inquirir outra testemunha presencial, que somente veio ao conhecimento do Tribunal no momento da audiência, através do depoimento das inquiridas.
Assim, adiou a audiência para daí a 15 dias.
Deveria a prova já produzida, ser de novo produzida? Porquê?

347.

Tinha decorrido a produção documentada da prova em audiência de julgamento, quando o defensor do arguido, pediu a palavra para juntar vários documentos que considerava indispensáveis para a solução do pleito.
Veio a ser admitida a junção desses documentos.
Porém, porque os mesmos eram complexos e demoravam tempo a ser examinados, o tribunal adiou a audiência para continuar daí a dois meses.
Reiniciada a audiência, após o decurso de tal período de tempo, o juiz deu a palavra ao Ministério Público e, depois ao defensor para alegações, após o que declarou encerrada a discussão da causa.
Merece-lhe algum reparo tal actuação processual? Porquê?

348.

Após ter sido encerrada a discussão da causa, na audiência de julgamento em processo comum, em que as partes intervenientes declararam unanimemente que prescindiam da documentação da prova, e que demorou várias sessões, o juiz devido à complexidade da causa, e á necessidade de ponderação da prova, e prevendo morosidade na elaboração da sentença, designou a leitura desta para daí a dois meses.
Quid juris?

349.

Num tribunal de grande volume de serviço, e havendo que respeitar o horário das diligências designadas, o tribunal, acompanhado do Ministério Público, entrou na sala de audiências à hora designada para realizar uma audiência em processo comum, após o que o funcionário de justiça começou a fazer a chamada das pessoas intervenientes na mesma.

Apareceu logo o defensor do arguido que tinha acabado de vestir a toga e tomou o seu lugar, comparecendo a seguir o arguido.

O Juiz declarou então aberta a audiência.

Mas, de imediato o defensor do arguido pedindo a palavra reclamou a irregularidade do acto.

Que lhe parece?

350.

Realizada a chamada para uma audiência de julgamento, em processo comum, não se encontrava presente quer o Ministério Público, quer o assistente, nem o representante deste.

A audiência poderia prosseguir ou, seria adiada? Justifique.

Exercícios Jurídicos em Matéria Criminal

351.

Realizada a chamada para uma audiência em processo comum, encontravam-se presentes todas as pessoas convocadas, com excepção do arguido.

Iria realizar-se a audiência? Justifique.

352.

Tendo sido declarada encerrada a discussão da causa em audiência de julgamento e, designada data para a leitura da sentença, de que todos os intervenientes foram notificados, verificou-se, na data da publicação da decisão, que o arguido não se encontrava presente, nem o seu defensor.

O juiz procedeu à leitura da sentença? Porquê?

353.

Estava a decorrer uma audiência de julgamento quando a arguida, pediu autorização para deslocar-se à casa de banho, o que foi deferido, ausentando-se a arguida da sala de audiências.

Durante a sua ausência, o Tribunal inquiriu a última testemunha, e, inexistindo outras provas a produzir, concedeu a palavra para alegações.

Estava o defensor da arguida a ultimar as suas alegações, quando a arguida regressou à sala de audiências.

Findas as alegações, o juiz perguntou à arguida se tinha mais alguma coisa a alegar em sua defesa, tendo ela dito que não tinha mais nada a dizer.

O tribunal designou a leitura da sentença para o dia seguinte.

E, no dia seguinte quando o juiz ia proferir a sentença, foi confrontado com um requerimento da arguida a reclamar a nulidade do julgamento.

Como solucionar a questão?

354.

Um arguido foi julgado como ausente.
E, veio a ser proferida sentença que aplicou pena de prisão ao arguido.
Como poderia o tribunal executar a pena?

355.

O que é a contumácia?
Quais os seus pressupostos, termos e finalidades?

356.

Desde a denúncia dos factos que originaram o inquérito, o arguido nunca fora encontrado, por se encontrar com paradeiro desconhecido no estrangeiro, tendo vindo oportunamente a ser declarado contumaz.

Todavia, numa tarde de Verão, o arguido compareceu no tribunal e disse que queria ser interrogado pelo juiz.

Que acto ou actos processuais se terão desenrolado com a presença do arguido no tribunal?

357.

O tribunal entrou na sala de audiências e, encontrando todas pessoas convocadas para a audiência, ordenou a retirada das pessoas que iriam ser ouvidas, e, começou a interrogar o arguido.

Seguidamente produziu-se a demais prova.

E, quando foi dada a palavra ao defensor do arguido para alegar, o defensor começou por alegar a irregularidade do julgamento.

Quid Juris?

358.

Decorria um julgamento com intervenção do tribunal do júri, em que um dos crimes imputado ao arguido era o de burla informática que ocasionou prejuízo consideravelmente elevado.

Um dos jurados, que estudara informática, após ter feito uma exposição explicativa do conteúdo de uma sua dúvida sobre os factos, e, que pretendia que o arguido esclarecesse, interrogou o arguido, sobre o modo de actuação deste, a nível da informática.

Porém o advogado do arguido recomendou-lhe que não prestasse os esclarecimentos, e o arguido disse que recusava terminantemente responder às perguntas.

O jurado em causa, pediu então ao presidente do tribunal que agisse contra o arguido e seu advogado, porque se sentia injuriado, pela conduta ostensiva por eles assumida que entendia constituir desrespeito ao tribunal.

Como resolver?

359.

Num julgamento de vários arguidos por co-autoria do crime de furto, uma testemunha indicada por um deles foi também inquirida pelo defensor do outro.

Houve desrespeito do contraditório? Porquê?

360.

Num julgamento em que o arguido vinha acusado pelo crime de ofensas corporais involuntárias, e a queixosa constituíra-se assistente, tendo aliás deduzido pedido de indemnização civil contra o arguido e sua seguradora, o advogado da seguradora solicitou ao Tribunal que fosse ouvida a assistente.

Podia o advogado da seguradora fazer perguntas à assistente?
Podia o advogado da seguradora obter esclarecimentos da assistente?
Que relevância probatória descortina em tal solicitação?

361.

Ao iniciar-se a produção de prova em audiência, o tribunal procedeu à identificação do arguido, tendo-se este remetido ao silêncio, alegando que já se tinha identificado anteriormente

O Ministério Público procedeu criminalmente contra o arguido por não se ter identificado em audiência.

Mas o arguido, aquando do seu interrogatório no inquérito depois realizado, disse que não se identificou porque não era obrigado a falar e, estando a ser julgado, o seu silêncio não o podia desfavorecer.

Quid Juris?

362.

Estava a decorrer um julgamento com intervenção do tribunal colectivo, quando na ordem da produção da prova, foi chamada a depor uma testemunha com dezasseis anos de idade.

Quando a mesma entrou na sala de audiências, o seu pai que se encontrava a assistir ao julgamento, levantou-se e, informou o tribunal de que não autorizava o seu filho a depor , por ser menor de dezasseis anos de idade.

Comente.

Exercícios Jurídicos em Matéria Criminal 131

363.

Iniciado um julgamento em tribunal singular, e, uma vez que o arguido não quis prestar declarações, ao iniciar-se a inquirição da primeira testemunha, o arguido descalçou-se, voltou-se para as pessoas que assistiam à audiência, e começou a contar anedotas.

O advogado do assistente requereu que se afastasse o arguido da sala por estar a perturbar o decurso da audiência.

Ouvido o Ministério Público, requereu que se chamasse um médico.

E, o defensor do arguido, requereu que se interrompesse a audiência por uns momentos para conversar com o arguido.

Que terá feito o juiz? Porquê?

364.

Determinada testemunha ao terminar o seu depoimento em audiência de julgamento, saiu da sala e foi-se embora, pensando que já não se tornava necessária a sua comparência.

Porém, passado algum tempo, tornou-se necessário reinquirir a mesma testemunha sobre alguns factos.

Qual poderia ser o fundamento da reinquirição dessa testemunha?

Como poderia providenciar-se pela sua comparência?.

365.

Numa audiência por crime de violação, quando entrou a ofendida para prestar declarações, o presidente do tribunal ordenou logo o afastamento do arguido da sala de audiência.

O defensor do arguido, porém reclamou de imediato dessa decisão, alegando que é obrigatória a presença do arguido em audiência e que o mesmo não pode afastar-se dela até ao seu termo, conforme artº 332º nºs 1 e 4 do Código de Processo Penal.

Que comentário se lhe oferece fazer?

366.

Tinha decorrido a produção da prova relativamente a um crime de homicídio involuntário cometido no exercício da caça, e nenhuma das testemunhas presenciara os factos, havendo elementos indiciários suficientes, mas não seguros, para a condenação do arguido.

Encontrava-se o juiz a almoçar, num restaurante perto do local onde ocorreram os factos, quando dele se abeirou um cidadão comentando que não tinha sido indicado como testemunha, mas que ele tinha presenciado os factos e, descreveu de imediato ao juiz como é que tinham acontecido.

Que acha que o juiz terá feito? Porquê?

367.

Um médico tinha deposto em inquérito, sobre factos que envolviam sigilo profissional, mas no exclusivo propósito de colaboração com a justiça na investigação dos factos.

Em audiência, o mesmo médico alegando o sigilo profissional recusou-se a depor.

Por isso, um dos sujeitos processuais requereu a leitura do depoimento prestado em inquérito, com o que concordaram os demais.

Como considera tal recusa?

E, como considera o requerimento da leitura do depoimento prestado em inquérito?

368.

Num julgamento que se iniciara, não se encontrava uma declarante por se encontrar em estado de coma, tendo porém sido ouvida em inquérito.

Exercícios Jurídicos em Matéria Criminal 133

Outra declarante prestou declarações em contradição com as que prestara ao juiz de instrução criminal.

Tais declarações, eram imprescindíveis.

Como poderiam ser valoradas tais provas?

369.

Num julgamento pelo crime de burla, o arguido remetera-se ao silêncio, como aliás já fizera em inquérito; o ofendido prestara declarações e, ao ser chamada a única testemunha, esta disse que já não se lembrava dos factos, por já terem passado alguns anos, embora esclarecesse que em inquérito tinha sido inquirida pelo funcionário de justiça e, explicado pormenorizadamente os factos.

O Ministério Público, atenta a descoberta da verdade e, a boa decisão da causa, requereu ao tribunal, nos termos do artº 340º nº 1 do Código de Processo Penal a consideração do depoimento da testemunha prestado em inquérito preliminar, ao que o arguido se opôs terminantemente.

Que decidiu o tribunal sobre tal depoimento?

E, que sentença seria proferida?

370.

Uma determinada testemunha tinha prestado depoimento nos termos do artigo 271º do CPP, por ter de ausentar-se para o estrangeiro.

Em audiência, tornou-se necessária a acareação dessa testemunha com a outra testemunha que depusera.

Quid juris?

371.

Num julgamento, determinada testemunha prestou depoimento descrevendo a prática dos factos pelos arguidos, como lhe foi contado por uma pessoa que presenciou os mesmos, mas não conseguiu fornecer ao tribunal elementos identificativos suficientes para que se pudesse convocar a testemunha presencial a depor.
Quid juris?

372.

A, vinha acusado de ter subtraído diversos objectos em ouro da casa de residência de **B,** contra a vontade do dono, tendo-se introduzido na habitação por a mesma se encontrar de porta escancarada.

Acontece que em audiência de julgamento, as testemunhas disseram que a porta se encontrava fechada à chave.

Indique as ilicitudes perfiladas na acusação e na audiência e, em caso de condenação, em que sentido e de que forma pode a mesma ocorrer?

373.

A, vinha acusado de ter querido matar **B**, quando lhe espetou de raspão, a navalha de ponta de ponta e mola no braço esquerdo, causando-lhe ferimentos ligeiros, visando, porém, a zona do coração.

Durante a audiência, as testemunhas disseram – aliás de harmonia com a contestação do arguido – que **A,** não tinha intenção de matar, nem previu como consequência necessária nem sequer admitiu como possível que, ao ofender voluntária e corporalmente **B,** no braço, visasse atingi--lo noutra parte do corpo.

Por que crime viria a ser condenado **A**?

Exercícios Jurídicos em Matéria Criminal 135

Seria necessário desencadear algum acto processual específico para tal condenação? Porquê?

374.

A, vinha acusado por um crime de furto qualificado.

Mas, em audiência, de harmonia com prova documental junta, verificou-se que o mesmo era reincidente.

Veio o arguido, na sequência da prova produzida a ser condenado por tal crime, mas, como reincidente.

O arguido recorreu alegando a nulidade da decisão.

Que fundamento haveria para o arguido invocar a nulidade?

375.

O arguido vinha acusado pelo crime de tráfico de menor gravidade, por, não sendo consumidor de estupefacientes, apenas ter sido detectado na sua posse 2 gramas de heroína, sendo que o mesmo cedia heroína, em panfletos, a terceiros.

Em julgamento, apurou-se ter havido lapso na acusação em consequência de lapso no auto de apreensão de droga, pois que tinham sido apreendidos ao arguido 20 gramas de heroína.

Nenhum dos intervenientes processuais, nomeadamente o arguido discordou de que a quantidade de droga encontrada fora efectivamente de 20 gramas de heroína., não se opondo que a audiência prosseguisse com fundamento em tal quantidade de estupefaciente.

Que reflexos juridico-penais e processuais trouxe ao julgamento a indicação da quantidade correcta da droga?

376.

Finda a produção da prova, em audiência de julgamento e, produzidas as alegações, o juiz designou data para a leitura da sentença.

Porém, antes da data da publicação da sentença, o arguido dirigiu um requerimento ao juiz a indicar novas testemunhas que apresentaria no tribunal na data da leitura da sentença, pedindo-lhe que não escrevesse ainda a sentença.

O Juiz porém pensava elaborar a sentença.

Mas, quando assinou a acta de audiência referente à sessão da discussão da causa, (ainda antes da data designada para a leitura da decisão), apercebeu-se que o requerimento do arguido tinha fundamento e, não elaborou ainda a sentença.

Que razões teria o juiz para não elaborar a sentença?

377.

Realizou-se o julgamento e foi proferida sentença, mas ao compulsar-se o processo, verificou-se também que inexistia acta da audiência, se bem que a sentença referia que a mesma tinha ocorrido com respeito pelas exigências da lei e, na motivação indicava a prova que tinha sido produzida.

Quid Juris?

378.

Num processo em que tinha ocorrido o julgamento e fora proferida sentença, a acta de audiência não tinha sido assinada.

Quid Juris?

379.

Nos autos constava a acta de audiência devidamente assinada, nomeadamente indicando que se procedeu à leitura da sentença que se encontrava junta.

E, junta à acta de audiência encontrava-se uma sentença que apesar de manuscrita não se encontrava assinada.

Quid juris?

380.

A arguida não podia comparecer á audiência de julgamento, por se encontrar ausente por um período dilatado de tempo, mas consentia que o tribunal realizasse o julgamento na sua ausência.

Realizou-se o julgamento na ausência da arguida, sem documentação das declarações prestadas oralmente.

Finda a audiência, a arguida foi notificado da sentença absolutória.

Todavia, a arguida, que era advogada, dirigiu um requerimento ao tribunal a reclamar a nulidade do julgamento.

Como justifica a actuação da arguida?

381.

Tinha terminado a produção de prova em audiência de tribunal colectivo quando foi considerado necessário a elaboração de relatório social, o que foi solicitado.

Porquê teria sido necessário o relatório social do arguido?

Junto o relatório deveria a audiência ser reaberta para possibilitar o exercício do contraditório sobre o mesmo? Porquê?

382.

Lida publicamente uma sentença, em que não se encontrava presente o arguido, nem o seu advogado constituído, sendo, por isso, nomeado defensor para o acto, veio o advogado do arguido, passado um mês, requerer a sua notificação, porque não sabia o teor da mesma, e por conseguinte, não estava em condições de saber se devia ou não recorrer dela.
Quid Juris?

383.

Após ter sido lida a sentença que condenava o arguido por um crime de ameaça, o juiz não dirigiu alocução ao arguido, exortando-o a corrigir-se.

O assistente reclamou a irregularidade do acto, alegando ser necessária tal alocução face à natureza do crime.

Qual a decisão sobre tal reclamação? Porquê?

384.

C, vinha acusado pela prática de diversos crimes de furto, sendo esse o seu modo de vida habitual, por o arguido ter dificuldade em distinguir o que era seu e o que era alheio.

O arguido foi declarado inimputável e aplicou-se-lhe uma medida de segurança.

A sentença foi absolutória ou condenatória?

Se o Ministério Público e, o arguido, quisessem recorrer dela, como devia classificar-se a sentença?

Exercícios Jurídicos em Matéria Criminal 139

385.

Num julgamento pelo crime de dano em obras de arte, em que foi deduzido pedido de indemnização civil contra o arguido, este veio a ser absolvido do crime imputado, por inexistência de *animus danificandi,* sendo porém certo, que vinham provados avultados prejuízos, em consequência da sua acção.

Qual a sorte do pedido de indemnização civil? Porquê?

386.

O arguido na sua contestação suscitou a sua ilegitimidade por não ser a pessoa que praticara os factos referidos na acusação do Ministério Público, tanto mais que na data da ocorrência desses factos, encontrava-se no estrangeiro.

A acusação indicava o arguido como sendo o autor desses factos.

Realizada a audiência, o Tribunal, com fundamento na prova produzida e uma vez que a identidade do arguido correspondia à da acusação condenou o arguido como autor da prática dos factos.

O arguido recorreu invocando a nulidade da decisão.

Com que fundamento poderia o arguido reclamar a nulidade?

Considera que tal fundamento seria idóneo? Porquê?

387.

A, vinha acusado de bater em **B**, sua colega de trabalho, apesar de andarem muitas vezes juntos, mas a partir daí nunca mais foram vistos um com o outro.

Nos autos apenas existia a acusação formulada pelo digno Agente do Ministério Público.

O tribunal veio a condenar **A**, fundamentado em que **B,** apresentava lesões e, somente com **A**, era vista em público, aduzindo que **A,** e **B,** tomavam refeições em comum e deslocavam-se amiúde ao cinema, pelo que condenava **A,** numa indemnização a favor de **B**, pelos danos morais causados.

Que comentários se lhe oferece apresentar?

388.

D, vinha acusado pelo crime de furto simples de um berbequim encontrado na sua posse e pertencente a **F**.

Mas, em audiência provou-se que **D,** adquirira o berbequim a **E**, a troco de um maço de tabaco, depois de saber que **E,** o tinha subtraído a **F**, contra a vontade deste.

O tribunal absolveu o arguido do crime de furto, mas veio a condená-lo por outro crime.

Por que crime viria **D,** a ser condenado?

Poderia **D,** ter sido condenado por crime diverso do da acusação?

Se sim, em que termos?

Se não, porquê e que consequências importaria a decisão condenatória?

389.

Numa sentença absolutória, foi referido que a motivação da convicção do tribunal, foi devida ao depoimento das testemunhas, umas porque presenciaram os factos, outras porque souberam como os mesmos se passaram por terem ouvido da boca do arguido.

O Ministério Público recorreu, por discordar de tal fundamentação.

Que fundamento terá alegado o Ministério Público na motivação de recurso?

Que eficácia terá tal fundamentação?

Exercícios Jurídicos em Matéria Criminal 141

390.

Após ter sido publicada uma sentença, verificou-se que na identificação do arguido, constante da decisão, a filiação, bem como a data de nascimento, mostravam-se erradas.
Como resolver?

391.

Decorreu o julgamento conjunto dos arguidos **A,** e **B.**
A, vinha acusado pelo crime de furto e **B,** pelo crime de receptação.
Porém, a sentença, condenatória, por lapso, condenou **A,** pelo crime de receptação e **B,** pelo crime de furto.
Quid Juris?

392.

Na madrugada de um Sábado, **A,** em estado de embriaguez , praticou vários desacatos num bar, partindo cadeiras e copos.
Chamada a entidade policial, prontamente acorreu ao local e deteve **A,** por se encontrar ainda a executar os mesmos desacatos, e, conduziu-o ao posto policial local para identificação e elaboração do expediente para ser levado a tribunal, pois que o proprietário do bar declarou de imediato desejar procedimento criminal contra **A.**
Que crime praticou **A?**
Em que forma de processo poderia ter sido julgado? Porquê?

393.

Eram 7 h , e era Sábado, quando **B**, de feitio quesilento, começou a dar murros num empregado de mesa, por o mesmo o aconselhar a sair do bar.

Compareceram dois agentes de autoridade, que naquele momento passavam na rua e apercebendo-se do facto, detiveram **B**, evitando que o mesmo continuasse a agressão.

O empregado de mesa declarou desejar procedimento criminal contra **B**.

Os agentes de autoridade, atenta aquela hora da manhã, soltaram **B**, mas notificaram-no para comparecer no tribunal pelas 10 h, na Segunda-feira seguinte, para ser julgado em processo sumário.

Poderia haver lugar a julgamento em processo sumário? Porquê?

394.

Declarada aberta audiência em processo sumário para julgamento de **A**, o ofendido **B**, requereu de imediato a sua constituição como assistente e a sua intervenção como parte civil.

Quid juris?

395.

A entidade policial conduziu um detido ao Ministério Público, a quem entregou o auto de notícia referente ao mesmo.

O Ministério Público leu o auto e escreveu no mesmo: "promovo o julgamento do arguido em processo sumário"

Levado o expediente ao Juiz, este magistrado determinou o julgamento imediato do arguido na forma de processo sumário.

Declarada aberta a audiência, o juiz nomeou defensor ao arguido que, passados breves minutos entregou a respectiva contestação.

Exercícios Jurídicos em Matéria Criminal 143

O juiz começou então por interrogar o arguido, produzindo-se a demais prova e, concedeu a palavra para alegações aos legais intervenientes.

Como havia mais serviço urgente no tribunal, designou a leitura da sentença para daí a dois dias.

Que críticas lhe merece a análise processual da sequência factual supra exposta?

396.

Num festival de música *rock,* devido a excesso de cerveja, **D,** encontrando-se a dançar, dava intencional e repetidamente, uns encontrões à jovem **F,** – que também dançava –, sem lhe causar ferimentos, mas, o que levou esta a gritar.

Ao mesmo tempo, apareceu um agente de autoridade que pôs cobro à situação e deteve **D,** para julgamento em processo sumário, uma vez que **F,** declarou desejar procedimento criminal, pois **F,** sentia-se dorida e, embora não apresentasse ferimentos dirigiu-se ao hospital afim de ser radiografada.

No tribunal, quando o juiz se preparava para efectuar o julgamento em processo sumário, verificou-se que a ofendida não se encontrava presente, por se encontrar ainda no hospital à espera do resultado dos exames.

Quid juris?

397.

A, com intenção de obter dinheiro à custa alheia, sem qualquer contrapartida, prometeu a **B,** que lhe arranjaria emprego em Espanha desde que lhe entregasse adiantadamente determinada quantia em dinheiro, dizendo-lhe **A,** que parte era para despesas que tinha de executar, e outra parte era uma espécie de caução, para garantir à entidade patronal a comparência de **B.**

B, confiante, entregou-lhe a quantia pedida.

No dia seguinte, ao encontrar **C, A,** usou o mesmo estratagema com **C,** que igualmente lhe entregou determinada quantia em dinheiro.

Passado algum tempo, **A,** disse a **B,** e a **C,** que após ter realizado as diligências e despesas necessárias, e, conseguido assegurar-lhes trabalho junto de **D,** a quem entregou a restante quantia em dinheiro, **D,** mais tarde, comunicara-lhe que já não estava interessado em contratar **B,** e **C,** nem poderia devolver o dinheiro recebido, porque a sua empresa tinha falido.

B, e **C,** denunciaram a situação ao Ministério Público, que face à confissão de **A,** e ao facto de manter depositadas na sua conta as quantias entregues por **B,** e **C,** decidiu acusar **A,** em processo abreviado.

Que fundamentos levariam o Ministério Público a deduzir acusação na forma de processo abreviado?

Poderia **A,** ser acusado na forma de processo abreviado? Porquê?

398.

O agente de autoridade **J,** encontrava-se de vigilância num zona comercial, quando se percebeu que de uma das lojas, alguém gritava "chamem a polícia".

Acorreu de imediato e viu **B,** seu conhecido, a fugir da loja, levando na mão algumas notas de cinco euros.

A gerente da loja disse que o indivíduo que fugia acabara de subtrair 10 notas de 5 € da caixa registadora e, tinha-se posto em fuga.

J, levantou o auto de notícia e, remetido ao Ministério Público, apenas se conseguiu localizar e ouvir o arguido passados 40 dias.

O Ministério Público acusou o arguido, identificando-o e remetendo a narração dos factos para o auto de notícia.

Notificado, o arguido requereu debate instrutório.

Exercícios Jurídicos em Matéria Criminal 145

Em que forma de processo teria sido deduzida a acusação? Porquê? Seria válida tal acusação?

Poderia o arguido requerer debate instrutório sem ter requerido a abertura de instrução?

399.

D, de dezoito anos de idade, foi visto a subtrair, contra a vontade do dono, várias garrafas de cerveja, de um armazém que se encontrava aberto.

Um agente de autoridade que passava no local, deteve **D** e, recuperou as garrafas de cerveja, que entregou ao dono do armazém, que declarou desejar procedimento criminal

Lavrado o auto de notícia e, conduzido **D,** junto do magistrado do Ministério Público, este, posteriormente, requereu o julgamento na forma de processo sumaríssimo.

Explique em que termos poderia haver lugar a processo sumaríssimo.

Poderia o juiz alterar a forma de processo requerida na acusação? Porquê?

400.

O Ministério Público deduzira acusação contra **F,** na forma de processo sumaríssimo e propunha determinada sanção.

O arguido porém não concordou.

Quais os reflexos na instância, advindos da não concordância do arguido com a sanção proposta pelo Ministério Público?

401.

A, entrara pela calada da noite num armazém de fruta, usando um duplicado da chave da porta de entrada, que tinha caído ao chão sem que o dono desse por isso,

E, do seu interior apropriou-se contra a vontade do dono de vários quilos de fruta, no valor de 5 €, que levou consigo.

Posteriormente, também durante a noite e usando o mesmo expediente, introduziu-se no interior do mesmo armazém, de onde retirou e levou consigo vários quilos de fruta no valor de 10 €.

Passado algum tempo, já longe do local, apercebeu-se que alguma fruta já se encontrava deteriorada, pelo que regressou de novo ao local, onde se introduziu da mesma forma descrita e, quando já se encontrava na posse de vários quilos de fruta exótica, deparou com o encarregado de segurança do local.

Acto contínuo, A, agrediu-o fisicamente deixando-o inanimado, e retirou-lhe as chaves de uma carrinha que o encarregado de segurança transportava.

Na posse das chaves do veículo e encontrando-se o veículo a que respeitava, no interior do armazém, A, carregou o veículo automóvel com várias caixas de fruta variada e abandonou o local.

Passado um tempo e, num dia feriado, após se inteirar de que não havia ninguém no armazém, regressou ao mesmo com a carrinha e, entrou com ela dentro do armazém, para de novo a carregar de fruta, como fez.

Porém, ao querer sair, não conseguiu pôr a trabalhar o veículo automóvel, por se lhe ter acabado o combustível, razão porque abandonou o local.

Analise a situação em termos de ilicitudes e punição.

402.

B, conhecedor do código electrónico de acesso a uma loja de electrodomésticos, esperou que a mesma fechasse e não ficasse ninguém lá dentro, após o que se introduziu no seu interior contra vontade do dono, e de lá retirou uma torradeira e várias pilhas, tudo no valor de 30 €, que levou consigo.

Exercícios Jurídicos em Matéria Criminal 147

Passados oito dias e, usando o mesmo expediente, **B**, esperou que as pessoas abandonassem a loja, após o que de novo se introduziu no seu interior e lá dentro destruiu o sistema de vigilância, pensando que pudesse ser accionado, causando prejuízos de valor não inferior a 500 €.

Seguidamente, apropriou-se contra a vontade do dono de diversos electromésticos, tudo no valor de 9000 €, que transportou consigo.

Passados oito dias, regressou de novo ao local, e, da mesma forma introduziu-se no seu interior, contra a vontade do dono.

Porém, o dono da loja que lá se encontrava, apareceu de caçadeira em punho e, disparou um tiro contra **B**, atingindo-o numa perna, chamando a autoridade de seguida.

Determine as ilicitudes verificadas e de que forma solucionaria o caso.

403.

C, tinha sido condenado na pena de 7 meses de prisão e 60 dias de multa, à taxa diária de 30 €.

C, nesse processo, tinha estado sujeito à medida de coacção de obrigação de permanência na habitação por um período de oito meses, após ter estado detido por um dia.

Que reflexos tiveram tais medidas processuais na condenação do arguido?

404.

D, tinha sido condenado em pena de multa, pela prática de determinado crime.

A sentença transitou em julgado.

Decorria ainda o prazo de pagamento voluntário da multa e custas, quando **D**, voltou a ser julgado por factos anteriores àqueles que motivaram aquela condenação e, condenado em pena de prisão.

148   *António Pires Henriques da Graça*

O tribunal entendia ser de aplicar uma única pena de prisão, se bem que tinha de considerar-se a primeira condenação na decisão final.

Como solucionaria o tribunal a situação de **D,** ter sido condenado em pena de multa na primeira condenação?

405.

E, que se dedicava habitualmente a burlar senhoras, fazendo-se passar por especialista em curas de emagrecimento, foi condenado na comarca **V,** pela prática continuada de crimes de burla operados no ano de 1997.

Entretanto, na comarca **X, E,** tinha sido acusado por dois crimes de burla praticados nessa comarca em Agosto do referido ano de 1997.

Quid Juris?

406.

F, tinha estado preso preventivamente no processo Y onde veio depois a ser absolvido.

Desse processo, foi extraída certidão para instauração de procedimento criminal contra **F,** por factos conexos com os constantes da acusação, constitutivos de outro ilícito penal.

F, veio a ser condenado nesse outro processo – o processo Z – em pena de prisão.

Devia a prisão preventiva sofrida por **F,** no processo Y, ser descontada na condenação aplicada no processo Z? Porquê?

407.

G, era reincidente no crime de furto qualificado; já tinha sido julgado e condenado em país estrangeiro, por tal crime, em pena de três anos de prisão que lhe fora aplicada em cada decisão, e que cumprira.

Exercícios Jurídicos em Matéria Criminal 149

Em Portugal, **G**, continuou a revelar falta de preparação para manter conduta lícita, não respeitava a propriedade alheia e, denotava apetite por coisas de valor elevado e consideravelmente elevado.

G, encontrava-se de novo a ser julgado por idêntico crime.

Como entende que devia punir-se **G**? Justifique.

408.

H, tinha sido condenado já por 4 vezes, em pena de prisão efectiva, por diferentes crimes dolosos.

H, encontrava-se a ser julgado por ter agredido um agente de autoridade, com o próprio bastão deste, que o arguido lhe retirara.

H, tinha mau feitio, era preguiçoso e quesilento.

O juiz ponderava que não podia deixar de aplicar de novo pena de prisão.

Caso **H,** seja condenado, tem mais algum comentário a sugerir para a decisão? Justifique.

Suponha que **H,** tinha 22 anos de idade. *Quid juris?*

409.

I, gostava muito de vinho; mas, sempre que bebia mais de dois copos ficava bêbado e, batia na primeira pessoa que lhe dirigisse a palavra, pelo que já tinha sido condenado várias vezes pelo crime de ofensas corporais simples, em pena de multa, sendo porém, a última delas, em 8 meses de prisão efectiva.

I, estava de novo a ser julgado, pois quando estava bêbado bateu com o jarro de vidro vazio que estava à sua frente, quando o taberneiro o vinha buscar, por este lhe ter perguntado se queria mais algum copo de vinho.

Como entende que deve ser punido **I**?

410.

J, consumidor habitual de estupefacientes, assaltava as pessoas na via pública, desapossando-as de bens e valores que transportassem, afim de adquirir droga.

J, já fora condenado diversas vezes, por tais factos em pena de prisão efectiva.

Que crime praticava **J**, e qual a pena adequada? Porquê?

Como deve executar-se a mesma?

411.

L, inimputável foi considerado autor de um crime de homicídio voluntário simples na forma tentada, receando-se de forma fundada, que voltasse a praticar outros factos da mesma espécie.

Que sanção lhe foi aplicável e, qual o período mínimo e máximo de duração da mesma?

E, se após o limite máximo de duração da sanção, se verificasse que **L** continuava a querer praticar factos da mesma espécie?

Quid juris, se não houvesse fundado receio de que viesse a cometer outros factos da mesma espécie?

412.

M, foi declarado inimputável e, mandado internar em estabeleci-mento de cura, após ter sido provado que cometera um crime de ofensas corporais simples por ser alcoólico, havendo fundado receio de que continuasse a agredir fisicamente as pessoas.

Passados três meses de internamento, o tribunal foi informado de que **M**, se encontrava completamente curado.

Quid Juris?

413.

Como distingue o regime de prova, da liberdade condicional e, do regime de liberdade para prova?

414.

N, estrangeiro tinha sido julgado e declarado autor de um crime de ofensas corporais graves, mas, inimputável.

Havia fundado receio de N, praticar crimes idênticos.

O tribunal, contudo não decretou o seu internamento mas ordenou a expulsão do mesmo de Portugal.

Comente.

415.

K, tinha sido julgado e declarado inimputável pela autoria de vários crimes de furto formigueiro.

Como havia fundado receio de que o mesmo continuasse a furtar, foi decretado o seu internamento em estabelecimento apropriado, para tratamento e segurança.

K, recorreu e, passados dois anos, a sentença que foi confirmada, transitou em julgado.

K, porém, nessa altura já não se dedicava à pratica do crime de furto ou, de qualquer outro crime.

K, jogara na lotaria e tinha sido premiado com quantia avultada.

Quid juris quanto ao cumprimento da decisão?

416.

R, que era portador de anomalia psíquica, ateou fogo a uma seara.

R, não foi declarado inimputável, e foi condenado em pena de prisão por alguns meses, pela prática de um crime de incêndio.

Todavia, face à sua doença psíquica, entendia-se que **R,** poderia perturbar seriamente o regime prisional.

Como poderá executar-se a pena em que **R,** foi condenado?

417.

P, tinha sido declarado autor de um crime de homicídio, mas como era inimputável, foi decretado o seu internamento em estabelecimento de segurança, por se verificarem os respectivos pressupostos.

Em determinada altura, **P,** foi colocado em liberdade condicional.

Porém, mais tarde, a liberdade condicional foi-lhe revogada.

Como justifica que **P,** estando internado por questões de segurança, viesse a ser colocado em liberdade condicional?

E, que destino seria dado a **P,** ao ser-lhe revogada a liberdade condicional?

418.

A, e **B,** foram julgados e condenados pela prática de um crime de condução de veículo em estado de embriaguez, em determinada pena de multa.

Todavia **A,** foi ainda condenado na proibição de conduzir veículos motorizados por sete meses, enquanto a **B,** foi aplicada a cassação da licença condução.de veículos motorizados por igual período.

Como justifica a diferença na inibição de **A,** e **B,** em conduzirem veículos com motor?

419.

S, condenado em pena de prisão pela prática do crime de lenocínio, encontrando-se em cumprimento de pena, começou a sofrer de anomalia psíquica que o tornou insusceptível de ser influenciado pela pena.
Como resolver?

420.

Q, fora acusado pela prática de um crime de ameaça com uma espingarda de caça.
Q, não era caçador e, detinha aquela arma de fogo, por viver em local ermo e poder intimar eventuais assaltantes.
Q, veio a ser absolvido do crime de ameaça.
Qual o destino a dar à espingarda de caça? Porquê?

421.

T, menor de 18 anos de idade, trazia consigo uma navalha que, segundo alegara se destinava a cortar pão e descascar fruta, para comer.
A navalha, porém, foi apreendida a T, num bar, porque o mesmo frequentava locais nocturnos, onde algumas vezes ocorriam zaragatas.
Qual o destino a dar à navalha? Justifique a resposta.

422.

Z, que já tinha sido condenado pelo crime de furto, encontrou um pé-de-cabra num monte de sucata, e levou-o para sua casa.
Numa busca à residência de Z, relacionada com investigação de tráfico de estupefacientes, foi detectado o pé-de-cabra e apreendido, mas não foi detectada droga.

Z, argumentando com a desnecessidade da apreensão do pé-de-cabra para efeitos de prova, reclamou que o mesmo lhe fosse entregue. Será que o pé-de-cabra viria a ser entregue a **Z**? Porquê?

423.

A, **B**, **C**, e **D**, actuando em conjunto e, de comum acordo, resolveram subtrair os troféus de determinado clube de pesca, fazendo-se transportar para o efeito no veículo automóvel de **A**, até à sede desse clube, após o que lograram concretizar a subtracção desejada e planeada, sendo os referidos objectos subtraídos transportados no mesmo veículo automóvel.

Os objectos subtraídos vieram a ser recuperados.

Julgados e condenados os arguidos, foi declarado perdido a favor do Estado o veículo automóvel aludido.

A, recorreu alegando que não era caso de declarar perdido o seu automóvel, tanto mais que os objectos subtraídos nele transportados vieram a ser recuperados.

Haveria algum fundamento legal válido para que o veículo automóvel não devesse ser declarado perdido a favor do Estado? Justifique a resposta.

424.

F, caçador, caçara à hora de almoço, dois coelhos de uma só cajadada, com o auxílio de um furão.

Com efeito, apesar de transportar consigo a espingarda de caça, carregada, e um furão, para que este descobrisse coelhos que **F**, mataria depois a tiro, **F**, sentou-se junto a um riacho para almoçar, poisando a espingarda no chão, depois de a ter descarregado.

Reparou entretanto, que alguns metros à sua frente havia uma toca de coelho, pelo que logo a ela se dirigiu e nela introduziu o furão.

Agarrou porém num cajado que ali se encontrava, pois que a espingarda estava descarregada e retirada do local, e se saísse algum coelho da toca não teria tempo de a ir buscar.

Exercícios Jurídicos em Matéria Criminal 155

E, certo é que mal o furão entrou na toca, dela saíram logo dois coelhos apressados,

F, já de sobreaviso, atingiu de imediato os coelhos com um cajado.

F, estava feliz e, a almoçar, quando apareceram dois agentes de autoridade que vendo o furão e os coelhos abatidos, detiveram F, e apreenderam o furão, a espingarda e munições.

Que crime terá cometido F, e que destino terá sido dado aos coelhos, ao furão, à espingarda e munições?

Justifique.

425.

D, vendedor ambulante, pediu a E, seu conhecido, que lhe emprestasse a sua camioneta para poder transportar para a feira de determinada localidade, as peças de vestuário que tencionava vender.

E, emprestou a sua camioneta a D.

Mas, D, conduziu a camioneta até uma fábrica de calçado, e, de lá subtraiu ilicitamente dezenas de pares de sapatos para homem e senhora, que carregou na camioneta e levou consigo.

Interceptado D, foi detido e apreendida a camioneta de E.

D, foi julgado e condenado e foi declarada perdida a favor do Estado a camioneta de E.

E, recorreu alegando que a sua camioneta não deveria ter sido declarada perdida a favor do Estado.

Poderia E, recorrer? Porquê?

Que fundamento poderia invocar E, para que a camioneta não pudesse ser declarada perdida a favor do Estado?

E, com que fundamento poderia o tribunal declarar perdida a camioneta a favor do Estado?

Justifique as respostas.

426.

J, encontrava-se em gozo de férias no estrangeiro quando foi subtraído o seu motociclo da garagem da sua residência, que momentos antes o irmão de J, na ausência deste e de harmonia com sua solicitação, tinha aberto para arejamento.

Fora Y, quem subtraíra o motociclo para dar um passeio com a sua namorada, vindo mais tarde a abandoná-lo perto da garagem de onde o subtraíra.

O irmão de J, ao dar pela falta do motociclo do irmão, queixou-se à autoridade.

Tinha o irmão de J, legitimidade para exercer o direito de queixa? Porquê?

427.

Durante a prática de uma manobra perigosa, quando L conduzia o seu veículo automóvel, este despistou-se e foi embater numa árvore, tendo a sua mulher M, que seguia ao lado de L, sido projectada para fora do veículo, ficando inconsciente ao cair na estrada e, com várias lesões.

M, foi levada para o hospital.

O Ministério Público poderia dar início ao procedimento criminal? Justifique.

428.

A, injuriou B que era surdo mudo.

Um agente de autoridade presenciou os factos.

Quid juris em termos de procedimento criminal?

Exercícios Jurídicos em Matéria Criminal 157

429.

K, subtraiu vários quilos de jóias e ouro, de diversas ourivesarias, que depois vendeu, e com tal dinheiro adquiriu vasto património a nível da indústria hoteleira e outras empresas.

K, foi descoberto, processado, julgado e condenado.

K, entretanto indemnizara todas as vítimas.

Teria sido o património de K, declarado perdido a favor do Estado? Porquê?

430.

Pela calada da noite, A, B, e C, em estado de embriaguez, após terem vindo de uma festa nocturna, invadiram o jardim de D, e colheram todas as flores que ali se encontravam, tendo destruído alguns canteiros.

D, desconhecendo os autores, participou criminalmente contra incertos.

A entidade policial, investigou e, descobriu os autores da proeza.

D, ao tomar conhecimento da identidade dos autores dos factos, acorreu de imediato a desistir da queixa contra A, por ser o seu namorado.

Qual a eficácia da desistência da queixa na amplitude do inquérito? Explique fundadamente a resposta.

431.

F, ofendera voluntária e corporalmente G, sem lhe causar lesões, tendo porém G, apresentado queixa contra F.

Entretanto F, que se encontrava desempregado, foi contratado por G, para cuidar da sua exploração de pecuária, uma vez que o empregado ao serviço de G atingira o limite de idade e reformara-se e, G não conseguia encontrar ninguém para o substituir.

A partir de então, **F,** e **G,** pautavam-se por relações de confiança e respeito mútuos.

Aquando do interrogatório como arguido, **F,** confessou os factos e disse que estava de boas relações com **G,** para quem trabalhava.

Ouvido **G,** confirmou que **F,** era seu empregado e mostrava-se cumpridor e respeitador.

Passado algum tempo, o Ministério Público deduziu acusação contra **F,** por ter agredido corporalmente **G.**

Poderia o juiz rejeitar a acusação? Justifique.

Na hipótese de ser designado dia para julgamento, será que a discussão da causa viria a ocorrer? Justifique.

432.

A, no estado de solteira, propagara na via pública que **B,** casada com **C,** era amante de **D,** no estado de solteiro.

B, entrou em depressão ao ter conhecimento de tais boatos e, passado um mês, como esses boatos aumentassem, suicidou-se.

C, apresentou então queixa contra **A,** pelo crime de difamação, na convicção de que contribuía assim para que fosse respeitada a memória de **B.**

Passados dois meses, e, já depois de ter sido deduzida acusação contra **A,** a arguida insinuou-se perante **C,** passando a viverem um com o outro na véspera do julgamento.

Terá havido reflexos da coabitação na instância jurídico- criminal?

Se não, porquê?

Se sim, em que termos?

Exercícios Jurídicos em Matéria Criminal 159

433.

J, subtraíra quantia consideravelmente elevada de uma agência bancária, após o que se ausentou para o estrangeiro, onde casou há cerca de 16 anos.

J, fora julgado e condenado a pesada pena de prisão.

J, para comemorar o aniversário de casamento, resolveu trazer a sua esposa a Portugal.

Que crime terá cometido **J**?

Será que quando chegou a Portugal deveria ter sido preso? Porquê?

434.

T, comerciante, prevendo a iminência da sua situação de insolvência resolveu, com intenção de favorecer certos credores, pagar-lhes dívidas ainda não vencidas, através de entrega de bens móveis de elevado valor.

Assim, por tal forma efectuou pagamentos a **N**, e a **P**, respectivamente em Janeiro e Março de 1997, após o que se ausentou para parte incerta, receoso de represálias de outros credores de dívidas vencidas e não pagas.

Em Setembro de 1997, foi reconhecida judicialmente a insolvência.

T, em processo crime instaurado, nunca foi encontrado e, foi declarado contumaz em Maio de 2002.

Em Junho de 2002, **T** passou a residir numa cidade do Algarve, onde se dedicou á hotelaria.

Como se perspectiva juridicamente a situação?

435.

V, praticou o crime de homicídio voluntário em Fevereiro de 1997 e, ausentou-se para parte incerta.

Se **V,** continuar em paradeiro desconhecido, quando ocorrerá a prescrição do procedimento criminal?

Justifique.

436.

X, foi notificado da acusação em Janeiro de 2000, por um crime de injúrias praticado em Março de 1997,

A audiência de julgamento encontrava-se designada para Abril de 2003.

Supondo que toda a gente convocada se encontrava presente à hora marcada, o julgamento viria a fazer-se? Porquê?

437.

C, queixara-se criminalmente contra **D,** por este em Março de 1994, ter invadido e ocupado uma parcela da sua propriedade rústica, relativamente à qual **D,** também se arrogava ser co-titular do direito de propriedade.

Foi suspensa a instância para se decidir a questão do direito de propriedade no foro cível.

E, em Maio de 2003, transitou em julgado a sentença que declara **C,** o único legítimo titular do direito de propriedade sobre o mesmo imóvel.

Que crime imputava **C,** a **D?**

Qual a sorte da queixa de **C,** contra **D,** após terem decorrido mais de 9 anos sobre a data dos factos?

Justifique.

Exercícios Jurídicos em Matéria Criminal 161

438.

H, foi declarado contumaz em Abril de 2001, pelo crime de coacção grave, praticado em Julho de 1997.
Veio a ser declarada a cessação da contumácia em Janeiro de 2002
Até quando poderá ser designada data para julgamento? Porquê?

439.

F, subtraíra a **E,** por esticão, um fio em ouro que **E,** levava ao pescoço quando passeava em Setembro de 1990 num jardim à beira mar.
F, que se encontrava sujeito a medida de coacção não privativa de liberdade, conseguiu escapulir-se para o estrangeiro, onde esteve preso durante um ano pelo crime de furto, sendo expulso desse país.
F, regressou a Portugal em Maio de 2001.
Que reflexos teve a pena cumprida no país estrangeiro no procedimento criminal pelos factos descritos em Portugal? Que crime praticou **F,** em Portugal?

440.

I, tinha sido condenado em 16 de Abril de 2000, na pena de oito meses de prisão, por ter arrancado dois dentes a um paciente quando **I,** apenas autorizara o arranque de um dente.
Houve recurso da decisão mas a sentença foi confirmada por decisão transitada em julgado em 14 de Janeiro de 2002.
A partir de qual data começou a decorrer o prazo de prescrição da pena?

441.

L, tinha sido condenado em Janeiro de 1998 em pena de multa, e subsidiariamente em pena de prisão.

L, solicitou logo o pagamento em prestações e que foi diferido, pelo prazo de 1 ano.

Porém **L,** somente efectuou o pagamento da primeira prestação.

A partir de que momento começou a decorrer o prazo – e que prazo – de prescrição da pena?

442.

N, tinha sido condenado na pena de cinco anos de prisão em Junho de 1996.

Em Junho de 2000, **N,** foi colocado em liberdade condicional.

Porém, **N,** ausentou-se para parte incerta.

Solicitou-se então, á entidade policial por diversas vezes a partir de Julho de 2000, informação sobre o paradeiro de **N,** que continua a ser desconhecido.

Quando terminará a prescrição da pena?

443.

R, encontrava-se acusado por determinado crime,

Breves dias após ter sido designado dia para julgamento, **R,** faleceu.

Os familiares de **F,** requereram, todavia, a continuação dos autos para julgamento porque queriam provar que **R,** não tinha cometido qualquer crime, afim de evitarem qualquer crítica futura de suspeita.

Comente.

Exercícios Jurídicos em Matéria Criminal 163

444.

S, encontrava-se a cumprir pena de prisão por ter sido condenado em tal pena em consequência de ter falsificado uma escritura pública.

Foi, entretanto publicada uma lei, que perdoava toda a pena de prisão nos crimes de falsificação.

Que reflexos trouxe a lei à condenação aludida?

E, à execução da mesma?

445.

U, encontrava-se em cumprimento de pena de prisão na sequência de condenação havida por ter praticado o crime de burla na forma simples.

Foi porém publicada uma lei que amnistiou os crimes punidos com prisão até 3 anos.

Que implicações trouxe a lei da amnistia à instância criminal?

446.

X, tinha sido condenado em pena de multa pela prática de um crime de ameaça com uma espingarda de caça, tendo esta sido declarada perdida a favor do Estado.

Porém foi publicada uma lei que amnistiava tal crime.

Quid juris quanto à declaração da perda da espingarda a favor do Estado? Justifique.

447.

X, tinha sido condenado em pena de multa pela prática de determinado crime, tendo a sentença transitado em julgado.

X, não pagou voluntariamente a multa pelo que foi instaurada acção executiva para tal efeito.

Já tinham sido penhorados alguns bens de **X**, quando foi publicada uma lei que amnistiava os ilícitos punidos com determinada pena, entre os quais se incluía o que tinha motivado a condenação de **X**.

Quid Juris?

448.

Uma lei de amnistia declarou amnistiadas todas as infracções de natureza rodoviária, ao mesmo tempo que declarava perdoada toda a pena aplicada a crimes culposos, com excepção do homicídio.

Imagine um acidente de viação ocasionado por actuação culposa do condutor do veículo e de que resultou a morte da sua acompanhante.

Como interpretar a lei de amnistia?

449.

Y, tinha sido condenado em pena de prisão.

Durante o cumprimento da pena sobreveio a **Y** anomalia psíquica com perigosidade, pelo que foi mandado internar em estabelecimento destinado a inimputáveis.

Após o internamento de **Y,** um decreto presidencial indultou-o quanto ao resto da pena que faltava cumprir.

Quid Juris?

450.

Um lei declarou amnistiados os crimes a que correspondesse pena de prisão até três anos.

A, encontrava-se a cumprir a pena, em cúmulo, de quatro anos de prisão pela prática de cinco crimes de furto simples.

Quid Juris?

451.

Um lei de clemência declarava perdoada toda a pena de prisão até três anos, com excepção dos reincidentes.

B, tinha sido condenado como reincidente pelo crime de burla, na pena de dez meses de prisão.

Beneficiaria **B**, dessa lei?

452.

C, foi encontrado pela entidade policial na posse de 50 gramas de um produto estupefaciente denominado heroína?

Quid juris em termos de ilicitude e prossecução penal?

453.

D, tinha plantado num vaso da sua varanda uma planta denominada *cannabis sativa l*, que alegara ser para consumo medicinal próprio, embora nenhum médico lhe receitasse tal terapêutica.

D, apenas consumia ocasionalmente tal substância.

Que se lhe oferece dizer sobre a ilicitude verificada?

454.

E, pediu emprestado a **F**, o seu cachimbo, alegando que era para consumir haxixe, e, que em contrapartida lhe cedia parte do produto para **F** consumir.

F, aceitou e emprestou o seu cachimbo a **E**, vindo, posteriormente, a receber deste, uma parte diminuta de droga.

Quid juris em termos de responsabilidade criminal de ambos os intervenientes?

455.

C, encontrava-se numa festa, na posse de duas "palhinhas" de heroína, e porque **D** lhe ofereceu uma cerveja, **C**, cedeu-lhe uma das "palhinhas", que **D,** logo foi vender a **E**, e com o dinheiro obtido, foi adquirir para seu consumo, uns panfletos de haxixe a **F,** e ainda umas cervejas que ofereceu a **C**.

Encontravam-se na festa, dois agentes de autoridade à paisana, que dando conta de toda a referida actuação, apreenderam tudo e, detiveram os referidos indivíduos.

D, reclamou porém a entrega das cervejas que tinha comprado.

Como define as ilicitudes verificadas e, a actuação dos agentes de autoridade?

Que destino terá sido dado às cervejas, se ainda não se encontrassem bebidas?

E, se já tivessem sido consumidas?

456.

G, foi encontrado na posse de determinada quantidade de haxixe que era para seu consumo individual, pois **G,** era toxicodependente, sendo contudo certo que tal quantidade de droga excedia a necessária para o consumo médio individual durante o período de três dias.

Quid Juris?

457.

J. foi encontrado na via pública a ceder cocaína a **L, M, e N**.

Detido **J,** foi encontrado na sua posse além de várias notas de vinte €, oito fios de ouro e um telemóvel, tendo sido tudo apreendido, além da droga.

Entretanto, em tribunal, apareceu **K,** reclamando a entrega dos oito fios de ouro alegando que os mesmos tinham sido furtados da sua ourivesaria por alguém desconhecido.

L, M, e N garantiram que não entregaram ouro a **J,** pela transacção da droga.

Que se lhe oferece dizer sobre a situação perspectivada?

458.

Num simpósio a decorrer num auditório com livre acesso ao público, sobre terapêuticas com a utilização de plantas, um dos participantes, durante a sua alocução, defendeu e aconselhou os presentes a usarem a planta vulgarmente denominada haxixe, como planta medicinal, alegando que era uma droga leve com efeitos benéficos para a saúde.

Uma jornalista que se encontrava a cobrir o evento, publicou tal alocução num dos jornais da localidade onde decorria o evento.

O magistrado do Ministério Público junto da comarca onde decorreu o referido simpósio, ao ler a notícia resolveu agir.

Em que termos processuais e, porquê terá agido o Agente do Ministério Público?

459.

L, gerente de uma discoteca, sabia que nessa discoteca se traficava e consumia haxixe e heroína entre os clientes, pois que em algumas rusgas policiais adrede realizadas, por vezes alguns indivíduos foram detidos na posse de tais substâncias.

Como equaciona jurídico-criminalmente a situação, em termos de repressão e prevenção do crime de tráfico de estupefacientes?

460.

M, consumidor de heroína, na posse de vários panfletos de heroína, que excediam a média de consumo individual para três dias, transitava pela estrada transportando às costas a sua mochila, quando pediu boleia a N, que apareceu naquela estrada, conduzindo o seu veículo automóvel

N, acedeu ao pedido de M, e convidou-o a entrar no seu automóvel, dando-lhe boleia.

Em determinada altura numa operação StOP, a entidade policial presenciou panfletos de heroína em cima do banco traseiro do veículo. Interpelado **N**, condutor do veículo disse nada saber sobre a existência de tais panfletos.

M, por sua vez, disse consumir heroína algumas vezes, mas que os mesmos panfletos de heroína não eram seus.

Que perspectivas de solução se lhe oferece juridicamente apontar?

461.

Durante um cruzeiro de férias, **C**, que já tinha bebido uns uísques naquela tarde, ao ver a sua namorada sair do camarote de **D**, seu amigo, muniu-se de uma espada com que treinava esgrima, e dirigiu-se a **D,** dizendo que ou abandonava o navio de imediato ou que lhe dava uma estocada com a espada.

D, com medo de que **C,** concretizasse os seus intentos, e uma vez que não tencionava dar por terminado o cruzeiro, sacou de um revólver que trazia consigo e exibiu-o, para que **C,** se acalmasse.

Contudo, **C,** ao ver **D,** de revólver em punho, ainda ficou mais enfurecido e caminhou em direcção a **D**.

D, pensando que **C,** ia mesmo agredi-lo com a espada, recuou, e desequilibrou-se, ao mesmo tempo que disparou o revólver em direcção de **C**, que veio a ser mortalmente atingido, no crânio.

D, alegava que apenas queria atingir **C,** no braço para ele largar a espada, embora admitisse que pudesse atingi-lo em outra zona do corpo, conforme decorressem as circunstâncias, mas o disparo sempre seria efectuado apenas para se defender, na persistência da agressão de **C**.

Analise e defina a ilicitude e a responsabilidade criminal de **C**.

462.

E, querendo atingir fisicamente F, de forma grave, por o mesmo num comício ter feito um discurso inflamado contra si, ao encontrar-se com F, numa determinada noite, borrifou-o com gasolina, pegando-lhe imediatamente fogo, após o que se pôs em fuga, vindo a ser detido no hospital, onde se dirigiu em consequência de queimaduras que sofreu ao praticar o acto criminoso.

F, falecera em consequência do acto de E.

Que crime cometeu E? Justifique.

463.

G, aterrorizava durante a noite pessoas já idosas, moradoras em locais isolados.

G, aparecia de surpresa, batia nas pessoas, entrava violentamente nas casas, e, subtraía o que lá se encontrava e lhe aprouvesse, contra a vontade dos donos.

A distância e isolamento das habitações visitadas, e a actuação de surpresa, impossibilitava a entidade policial de localizar, identificar e deter G.

Uma noite de Inverno, H que se encontrava à lareira, sem sono, acabara de carregar a sua espingarda caçadeira, pois era caçador e, na manhã seguinte tencionava ir caçar, quando G estilhaçou os vidros da janela de habitação de H, e entrou dentro de casa empunhando uma faca.

Ao deparar com H, este disparou imediatamente a sua espingarda contra G, querendo atingi-lo mortalmente, o que aconteceu.

Analise o que lhe parecer necessário sobre a actuação jurídico--criminal de ambos os intervenientes.

464.

I, caçador, em determinado dia de caça, e de relações cortadas com J, por este ter propalado que I, era um caçador sem pontaria, ao passar por J, que se encontrava a colher azeitona no meio de um oliveira, I, disparou a espingarda em direcção a J, com propósito de atingi-lo mortalmente, como efectivamente aconteceu.

Detido e interrogado I, afirmou que andava à caça e pensando tratar-se de uma ave, dentro da árvore, disparou, sem saber se conseguiria atingi-la.

Que comentário se lhe oferece apresentar sobre a ilicitude de I?

465.

M, sofria de cancro, e tinha dores lancinantes e contínuas.

M, pedia com insistência à sua enfermeira assistente que a matasse, pondo-se termo ao sofrimento, trabalho e preocupações que a situação de M causava.

Um determinado dia, quando M, dormia, sob o efeito de drogas, a sua enfermeira assistente, face aos pedidos reiterados e situação de M, deu-lhe uma injecção letal e, M, já não acordou.

Comente juridicamente a actuação da enfermeira assistente de M.

Suponha que ao encostar a agulha a M, M, acordava e a enfermeira não dava a injecção.

Quid juris?

E, se a enfermeira não desse a referida injecção por, entretanto, a empregada de limpeza ter entrado no quarto de M, como consideraria a sua conduta?

466.

N, a viver em país estrangeiro encontrava-se em estado de depressão, pois vivia só e abandonado.

A única pessoa quem N, contactava era o português O, que sempre que via N, dizia-lhe que o melhor que tina a fazer era suicidar-se.

N, começou a pensar no assunto e, estimulado por O, um dia em que se sentia mais deprimido, suicidou-se

Qual a responsabilidade criminal de O? Porquê?

467.

P, disse a Q, se lhe podia emprestar uma corda que vira no seu quintal, pois precisava de executar um serviço com ela.

Q, foi a casa de P, seu vizinho, entregar-lhe a corda que lhe pedira.

Na posse da corda, P, disse a Q que precisava da mesma para se matar.

Entretanto tocou o telefone e P, foi atender deixando, previamente a corda em cima de uma cadeira, enquanto Q, abandonava a casa de P, deixando lá a corda.

No dia seguinte, Q, teve conhecimento de que P, se enforcara com a sua corda.

Como considera a actuação de Q? Justifique.

468.

R, estando com fortes dores, e a fim de ultimar rapidamente o parto que ocorria, puxou pelo filho que nascia, de forma que ao puxá-lo matou-o.

Quid Juris?

Exercícios Jurídicos em Matéria Criminal 173

469.

S, solteira, que vivia com a mãe, de quem cuidava, senhora com mais de 73 anos de idade que precisava de cuidados constantes, mormente de tratamento medicamentoso assistido, ausentou-se para uma festa de aniversário de vários amigos, deixando a sua mãe sozinha em casa.

Quando regressou, a mãe de S, estava morta, em virtude de não ter tomado a medicação médica prescrita.

Comente juridicamente a actuação de S.

470.

S, solteira, após ter dado à luz a sua filha, porque queria continuar a divertir-se sem responsabilidades familiares, embrulhou-a numa toalha e, colocou-a num cesto que abandonou no átrio de um lar de 3ª idade.

Que crime cometeu S? Justifique.

471.

T, dirigiu-se, na companhia de U, a uma localidade estrangeira para abortar, o que conseguiu, uma vez que U, a conduziu ao local onde uma parteira sua conhecida praticava o aborto, e apresentou-lhe T, para tal efeito.

Defina a ilicitude em causa e, qual a responsabilidade dos intervenientes.

E, se em consequência da intervenção abortiva, T, ficasse estéril?

472.

Tinham decorrido três meses, após a violação de **V**, de que resultou a sua gravidez.

V, dirigiu-se a um Hospital, pretendendo abortar, tendo sido encaminhada para o médico **X**.

O médico com receio de que ficasse sob a alçada criminal, foi falar com o magistrado do Ministério Público junto da comarca.

Como acha que juridicamente se resolveria a situação?

473.

Y, estrangeira, e psiquicamente incapaz, menor de 14 anos de idade, encontrava-se grávida, e, ao ser assistida ocasionalmente no hospital, quando já tinha cerca de seis meses de gravidez, verificou-se pela ecografia realizada que havia forte previsão de o nascituro vir a sofrer malformação congénita, de forma incurável.

Os médicos especialistas naquele hospital encontravam-se divididos: uns, preconizavam o aborto e, outros, não.

Desconhecia-se a identidade e paradeiro de quaisquer familiares de **Y**. *Quid Juris?*

474.

A, foi agredido voluntária e corporalmente por **B**, sem lhe causar ferimentos.

Durante a agressão, **B** em determinada altura, agarrou-se à orelha de **A** puxando-a, pelo que **A,** agarrou com força a mão de **B,** que lhe puxava a orelha para a afastar da orelha, mas ao agarrar essa mão de **B**, **A,** partiu-lhe dois dedos.

Houve queixas recíprocas.

Quid juris?

Justifique.

Exercícios Jurídicos em Matéria Criminal

475.

A, encontrava-se ao balcão de um bar juntamente com **B**, e começaram a discutir sobre futebol.

A, e **B**, eram de clubes distintos.

Em determinada altura, **A**, não gostou do que ouviu a **B**, e imprevistamente começou a dar-lhe pontapés dizendo que fazia dele uma bola de futebol.

Que crime terá cometido **A**?

Que se lhe oferece dizer quanto à pena, caso **A**, viesse a ser condenado?

476.

C, querendo ofender voluntária e corporalmente **D**, vibrou com um pau violentas pancadas na cabeça de **D**, de forma que **D**, ficou atordoado, embora não tivesse perdido os sentidos, ficando porém com ligeiro hematoma no crâneo cabeludo.

D, participou criminalmente contra **C**, e, constituiu-se assistente.

O Ministério Público veio a acusar **C**, pelo crime do artigo 143° n° 1 do Código Penal.

Todavia, o assistente não acompanhou a acusação; outrossim, deduziu acusação contra **D**, imputando-lhe o crime p. e p. no artgo 144° alínea d) do mesmo diploma substantivo.

Quid Juris?

477.

E, envolveu-se em zaragata com **F**, mas, **E**, apenas queria causar-lhe diversas equimoses na luta corpo a corpo travada.

Porém, **E**, durante a agressão, quando **F**, tentava segurar-se nos batentes de uma porta, **E**, fechou propositadamente a porta com força e entalou **F**, partindo-lhe um dedo de uma das mãos.

Que crime terá cometido **E**? Fundamente pormenorizadamente.

478.

G, acometido de fortes dores de dentes, foi a um médico dentista para arrancar um dente e indicou-lhe qual o dente que queria arrancar.

Porém, o médico arrancou o dente ao lado.

G, ficou furioso e participou criminalmente contra o médico.

O médico alegou que teve de ser assim porque era da raiz do dente arrancado que provinham as dores de dentes para **G**.

Quid Juris?

479.

H, foi a um médico dentista para arrancar um dente.

O médico, porém, porque se encontrava distraído, a pensar no jogo de futebol que vira na véspera, arrancou o dente ao lado.

H, aborrecido, participou criminalmente contra o médico.

Quid juris?

Suponha que o médico, depois de preparar os utensílios para o efeito, ao ir arrancar o dente, se equivocou, na convicção de que o dente arrancado era o indicado pelo paciente?

Exercícios Jurídicos em Matéria Criminal 177

480.

I, depois de ter feito uma operação a uma perna, reparou que ficara com uma grande cicatriz, que estéticamente lhe era difícil de aceitar, nomeadamente quando envergasse fato de banho.

I, entendia que para tal operação era desproporcionada tal cicatriz e participou criminalmente contra o médico cirurgião.

Mas, o médico cirurgião alegou que tal cicatriz era a mínima possível, devido ao teor da intervenção cirúrgica que obrigou a um diagnóstico e intervenção mais aprofundados no momento da intervenção, com vista a debelar doença futura.

Como analisa a actuação do médico cirurgião?

481.

J, e L, foram ao barbeiro, fazer a barba.

O barbeiro, que sofria da doença de *Parkinson*, porque lhe tremiam as mãos, ao passar com a navalha na zona do maxilar inferior, cortou levemente J, e L.

J, entendia que era normal que tal actuação pudesse acontecer.

L, porém entendeu que seria normal participar criminalmente contra o barbeiro.

O barbeiro porém, aplicou a sua diligência normal como habitualmente fazia, escapando-lhe, conscientemente, a ocorrência do corte verificado.

Como perspectiva juridicamente a situação?

482.

M, rapariga jovem, que por isso, ainda não tinha rugas, nem quaisquer anomalias estéticas, dirigiu-se a um médico esteticista para lhe moldar o rosto de forma a parecer-se com uma afamada artista de cinema, mundialmente conhecida.

Será que o médico faria a intervenção cirúrgico-estética? Justifique pormenorizadamente.

483.

N, sofria de doença de pele, pelo que o seu médico receitou-lhe um tratamento de hidroterapia termal.

Ao tomar o primeiro banho, nas circunstâncias prescritas pelo seu médico, N, constipou-se.

N, que tinha acabado de se formar em Direito, ainda pensou apresentar queixa contra o seu médico como autor de um crime contra a saúde, mas depois ao ler cuidadosamente o Código Penal, desistiu de tal intenção.

Sabe explicar porquê?

484.

À saída de um bar, já de madrugada, quatro indivíduos, embriagados, envolveram-se em luta corporal uns com os outros, tendo um deles, em determinada altura, agarrado numa barra de ferro que ali se encontrava, para mais facilmente poder agredir corporalmente os demais, pois em consequência de ter sido agredido a murro, já tinha dois dentes partidos.

Dois transeuntes, ao passarem e verem tal situação, envolveram-se no meio dos contendores, afim de os separarem, pois já havia feridos.

Compareceu entretanto a entidade policial, que ao ver tal desacato na via pública, deteve-os todos e, levou-os para a esquadra.

Que ilicitude e responsabilidade criminal dos intervenientes lhe apraz distinguir?

Exercícios Jurídicos em Matéria Criminal

485.

A, contratou **B**, que se encontrava grávida de três meses, para trabalhar na cozinha de um restaurante, onde havia já outros empregados.

Como **B**, não revelasse jeito para confecção culinária, e deixasse amiúde cair a loiça, **A**, encarregou **B**, do serviço de descarregamento dos géneros alimentícios a confeccionar, que a carrinha do patrão diariamente transportava e, ainda de amontoar, carregar e transportar os detritos para o contentor que ficava a dez metros do restaurante, bem como de fazer a limpeza das instalações da cozinha e do restaurante.

B, devido ao seu estado, não aguentava tal sobrecarga de serviço.

A, ao agir assim visava despedir **B**, alegando justa causa, porque não lhe queria pagar qualquer indemnização.

Mas, **B** também não queria despedir-se do emprego porque se o fizesse ficava sem indemnização e sem emprego.

Será que jurídico-criminalmente poderia resolver-se a situação? Explique o que entender por conveniente.

486.

C, casada com **D**, passava os dias no seu local de trabalho, ficando **D**, entregue aos cuidados da empregada doméstica.

Aos fins de semana, e sem empregada doméstica em casa, **C** , via televisão durante a noite até às três da madrugada e, levantava-se por volta das 13 horas, deixando porém, preparados os utensílios para **D**, arranjar e tomar o pequeno almoço.

Quando se levantava, **C** dedicava-se a preparar a sua refeição, e começava a insultar **D**, se este quisesse almoçar logo, ou indicasse prioridades de actuação doméstica, e, somente depois das 15 horas da tarde apresentava o almoço a **D**.

C, não gostava de trabalhar na cozinha e preocupava-se com a alimentação dos animais de estimação que tinha e com a limpeza das instalações destes.

C, era de feitio irascível e, quando **D**, aconselhava **C**, sobre a maneira de agir ou lhe solicitava ajuda, **C**, em voz alta, insultava **D**, e os seus progenitores, apesar de **D,** se oferecer para ajudar **C,** quando ela solicitasse.

O comportamento matrimonial de **C,** tem ou não dignidade penal? Justifique a resposta.

487.

E, avisou **F,** que sempre que lhe pedisse boleia e **F,** não acedesse, riscar-lhe-ia o carro.

F, receoso, dava boleia a **F,** sempre que este lho pedia.

Que crime cometeu **E**? Justifique.

488.

G, vizinho de **H,** disse-lhe que se ele não lhe entregasse uma garrafa de uísque por semana, ligaria o rádio durante a noite, com volume de som que **H,** não conseguiria dormir.

H, para viver em harmonia com **G,** passou a satisfazer a sua pretensão.

Terá **G** cometido alguma ilicitude? Porquê?

Suponha que **H** não acedia ao pedido de **G** e este executava a poluição sonora anunciada.

Quid Juris?

489.

I, disse ao motociclista **L,** que se passasse com a sua potente moto durante a noite na rua onde vive, junto à sua residência, arriscava-se a levar um tiro.

A acção de **I,** é ilícita? Porquê?

490.

M, que se encontrava a ver televisão com seu marido **N,** na casa de morada de ambos, perto da 1 hora da madrugada, disse a **N** que pusesse o som da televisão baixo, porque se ia deitar.

Como **N,** porém não diminuísse o som da televisão, **M,** disse-lhe que se não pusesse mais baixo o volume de som, não confeccionaria a refeição no dia seguinte, pois que se não dormisse, encontrar-se-ia fisicamente debilitada.

N, não diminuiu o som e **M,** não conseguiu dormir.

Quid Juris?

491.

P, médico de **Q,** seu paciente do foro urológico, prescreveu-lhe determinado tratamento sem o informar que o podia deixar impotente.

Cometeu **P** algum crime? Justifique a resposta.

492.

S, convidou a sua empregada **T,** para passar consigo um fim de semana no campo.

Como **T** recusasse, **S** à hora de fecho do serviço no último dia da semana, agarrou nela de surpresa, e meteu-a dentro do seu automóvel, pondo-se imediatamente em movimento.

Passados alguns metros, como a estrada estivesse interrompida, **S,** teve de parar o veículo, e, **T,** abandonou imediatamente o automóvel de **S.**

Que ilicitudes terá cometido **S**? Justifique.

493.

U, cidadã estrangeira, vivia na mendicidade.e prostituição.

V, apercebendo-se de tal situação, transportou **U,** para uma sua exploração pecuária, longe de qualquer povoado, onde **V,** alimentava **U,** a troco de trabalho desta na referida exploração.

Durante a época venatória, **V,** fomentava a prostituição de **U,** com os caçadores que ocasionalmente por ali passavam, com vista a arranjar proventos económicos para empregar na exploração pecuária.

Jurídico-criminalmente como define a actuação de **V**?

494.

X, apoderou-se de um autocarro carregado de passageiros, à hora de ponta, e obrigou o motorista a conduzi-lo para o bairro onde **X,** residia, a fim de chamar a atenção de meios de comunicação social, para a situação do pavimento das estradas no bairro onde habitava, tendo abandonado o autocarro após os órgãos de comunicação social terem efectuado a reportagem.

Analise a conduta de **X.**

495.

Y, publicou um artigo num jornal dizendo que Z, funcionário de uma repartição pública, se apoderava de quantias em dinheiro pagas por contribuintes.

Z, participou criminalmente contra Y, mas Y, disse que tinha provas do que afirmava.

Que relações jurídico-criminais se perfilam, e, em que termos assumem dignidade penal?

Justifique.

496.

Z, sendo conhecedor da corrupção que grassava em determinada Instituição, distribuiu um comunicado à imprensa, alertando para a incompetência do órgão directivo dessa Instituição.

Z, queria chamar a atenção e interesse das entidades competentes para porem cobro a essa situação.

O órgão directivo da Instituição visada queixou-se criminalmente contra Z.

Como valora jurídico-criminalmente a actuação de Z?

497.

Um agente de autoridade abeirou-se de um grupo de pessoas que se manifestavam à entrada de um hospital, prejudicando o sossego e tranquilidade dos doentes e a circulação das ambulâncias, e ordenou-lhes que dispersassem.

Algumas pessoas, porém não obedeceram alegando estarem no livre exercício do seu direito de expressão e manifestação e, como o agente de autoridade insistisse para que fossem manifestar-se para outro lado, as mesmas pessoas chamaram-lhe "ditador."

Que se lhe oferece comentar em termos de responsabilidade criminal?

498.

Um funcionário público, acabava de ser condenado pelo crime de peculato, quando ao passar entre várias pessoas, que sabiam dessa condenação, entre as quais se encontrava **R**, este, disse-lhe de viva voz: "seu gatuno".

Se esse funcionário público apresentasse queixa, deveria **R,** ser punido? Porquê?

499.

Quando **A**, passeava numa rua semi deserta, foi surpreendido por forte trovoada, com chuva intensa.

A, refugiou-se no átrio de uma residência, cuja porta estava entre aberta.

Mas, quando passou a trovoada, **A**, com fome, não quis sair da casa, na esperança de que ali pudesse jantar, apesar de intimado pela dona da mesma, que, por tal facto chamou a entidade policial e apresentou queixa.

Analise a conduta de A.

500.

B, entretinha-se nas noites de Verão a vigiar as janelas da casa em frente da sua, na expectativa de observar o comportamento de jovens estudantes que lá viviam.

Comente a actuação de **B**.

501.

C, em conversa com a sua vizinha **D**, contou-lhe que a vizinha de ambas, **E**, já tinha ido várias vezes pedir-lhe dinheiro emprestado para ir às compras.

Cometeu **C**, alguma ilicitude? Justifique.

502.

G, tinha pensado convidar, entre várias pessoas, o seu amigo **H**, para o aniversário de sua filha que ia atingir a maioridade.

F, disse porém à mulher de **G**, que era do seu conhecimento que **H**, sofria de doença contagiosa.

H, ouviu a conversa e resolveu participar criminalmente contra **F**.

Como analisa juridico-criminalmente a situação?

503.

I, encontrava-se no interior das instalações de um partido político a consultar, sem a devida autorização, o ficheiro de dados existente em computador, sobre a identificação dos militantes, a fim de copiar a identificação dos mesmos.

Ao ser descoberto, **I**, desligou o computador.

Quid Juris?

504.

J, empregada doméstica de **L**, ao receber uma carta dirigida à sua patroa, abriu-a sem autorização, após o que voltou a fechá-la, tendo posteriormente informado **M**, do conteúdo da carta.
Como analisa a conduta de **J**?

505.

N, que se encontrava empregada numa pastelaria, ao tomar conhecimento dos ingredientes da confecção de determinado bolo, exclusivo daquela pastelaria, foi passar a receita a outra pastelaria, a troco de avultada quantia económica.
Que crime terá cometido **N**? Justifique.

506.

P, foi consultar-se ao médico **Q**, e disse-lhe que gastava o que fosse preciso para se tratar, pois confidenciou-lhe que tinha subtraído de uma agência bancária há já alguns anos, avultada quantia, sem que fosse identificado.

Q, que sabia que **R**, seu amigo se encontrava em dificuldades económicas, por dívidas de jogo, disse a **R**, que pedisse dinheiro emprestado a **P**, informando-o do que este confidencialmente lhe contara.

R, dirigiu-se a **P**, dando-lhe conta das suas dificuldades económicas e comunicando-lhe a informação transmitida por **Q**.

R, apresentou queixa contra **Q**.
Que ilicitude entende verificar-se? Justifique.

Exercícios Jurídicos em Matéria Criminal 187

507.

S, em conversa privada com T, gravou, sem autorização a conversação havida.

T, ao saber da ocorrência, participou criminalmente contra S.

Poderia fazê-lo? Porquê?

E, se T, tivesse autorizado S, a proceder à gravação e, posteriormente S, permitisse que outrem ouvisse a conversa gravada? Justifique.

508.

U, conhecido artista do mundo cinematográfico, foi filmado por X, contra sua vontade numa festa pública, embora tenha autorizado Y, a fotografá-lo.

Posteriormente, Y, divulgou a fotografia de U, a uma agência comercial, que logo se aproveitou dela para publicidade comercial, remunerando Y.

Como valora juridicamente a actuação de X , e de Y? Justifique.

509.

Após um terramoto de certa gravidade, que derrubara vários edifícios, Z, ao deambular pelas ruínas à procura de familiares, deparou com A, semi soterrado, ferido, debaixo de uma viga de ferro cortante, precisando de ajuda para sair.

Z, porém, continuou caminho, á procura de seus familiares.

Como perspectiva jurídico-criminalmente a conduta de Z?

510.

A, seguia pela rua num dia quente de Verão e ao passar por **B,** que saboreava tranquilamente um gelado, distraído pelo trânsito, **A,** tirou-lhe o gelado, que logo se apressou a saborear, afastando-se.

Entretanto, **A,** vendo uns *CD Rom* no tablier de um automóvel, abriu calmamente a porta do veículo com uma chave que trazia consigo, e do interior desse veículo, cujo dono não conhecia, retirou os aludidos *CD Rom*, levando-os consigo.

Como define a conduta de **A,** em termos de ilicitude?

511.

B, e **C,** sem profissão, forjaram um documento que requisitava géneros alimentícios em quantidade abundante, após o que vestiram-se com uniforme de determinada corporação policial, e fazendo-se transportar num auto ligeiro de mercadorias que não lhes pertencia e se encontrava estacionado num parque de estacionamento, tendo para o efeito destruído o fecho da porta e posto o motor a trabalhar por ligação directa, dirigiram-se a um armazém de produtos alimentares, onde após terem exibido o referido documento forjado entre eles, conseguiram que por tal facto, o empregado que lá se encontrava lhes entregasse tudo o que pediram, tendo levado géneros no valor de três mil euros.

O empregado do armazém dando-se conta da falsidade do documento, alertou a entidade policial que desencadeou de imediato uma operação STOP.

Entretanto, **B,** e **C,** dando-se conta, via rádio, da existência de uma operação STOP, abandonaram o veículo, em local, onde por coincidência se encontrava o dono do veículo e, fugiram.

O dono do veículo ao deparar-se com o mesmo, para ele trepou imediatamente quando, passados segundos, apareceu um carro com dois agentes de autoridade que interceptando o veículo ligeiro de mercadorias, detéve o dono do mesmo que o conduzia, conduzindo-o para o posto policial e apreendeu a carga.

Analise jurídico-criminalmente a situação.

Exercícios Jurídicos em Matéria Criminal 189

512.

A, B, e C, formavam uma quadrilha de assaltantes dedicada à prática reiterada de crimes contra o património.

Ao deambularem por determinada localidade, onde decorria uma feira, **B,** fazendo-se acompanhar de **C,** apoderou-se, numa banca de venda, e aproveitando a distracção do vendedor, de um par de sapatos no valor de cinquenta euros, e entregou-os, a **C,** para este os guardar no seu saco mochila, a fim de não serem vistos, o que este fez.

Que se oferece dizer sobre a ilicitude verificada?

513.

A, tinha acabado de comprar uma mesa no valor de quinhentos euros, e, porque não tinha transporte para a mesma, pediu a **B,** seu conhecido se fazia o favor de a transportar na sua carrinha, ao que este acedeu.

Mais tarde, **B,** recusou-se a entregar a mesa a **A,** alegando que só lha entregava, se **A,** lhe pagasse o valor do frete ao transportá-la.

Quid Juris?

Suponha que **B,** estava convencido que **A,** não iria pagar qualquer valor mas, **A,** para reaver a mesa, até pagou o que lhe foi pedido e, então **B,** entregou a mesa a seu dono.

Como analisa a situação?

514.

D, apropriara-se, contra a vontade do dono, de um relógio de ouro.

D, veio a ser submetido a julgamento; mas antes de se iniciar a audiência, **D,** restituiu o relógio a seu dono.

Quid Juris?

515.

Devido a forte ventania, aterraram no quintal de **E**, várias toalhas e lençóis de linho.

Entretanto **E**, admitia que tais peças pudessem ser de alguém que morasse naquelas redondezas.

Mas, porque eram de linho, **E,** resolveu fazê-las suas.
Quid Juris?

516.

F, vendo **G,** com um grande anel de ouro num dos dedos de uma das mãos, ao passar por **G**, puxou fortemente pelo anel, de forma a apoderar-se do mesmo, mas como estava apertado no dedo, ao puxar o anel, **F** partiu o dedo a **G**.
Quid Juris?

517.

H, acabava de subtrair vários quilos de fio de cobre, quando foi interceptado no local da subtracção pelo empregado de segurança do local, que intimou imediatamente **H,** a largar o fio de cobre.

Mas, **H**, atirou imediatamente o fio de cobre para a sua carrinha de caixa aberta e fugiu.
Quid Juris?

518.

I, que tinha arrendado o seu prédio rústico, vedado por muros e portão, a **K**, certo dia entrou lá com dois indivíduos, e deitou abaixo 2 pinheiros, cujos toros vendeu.

K, queixou-se contra I, pelos crimes de introdução em lugar vedado ao público e de dano.

Comente.

519.

Certo edifício público, tinha uma lápide comemorativa do dia em que fora inaugurado.

L, não concordando com a existência da placa inaugural, tornou irreconhecíveis os dizeres da mesma constantes.

Cometeu **L** algum crime? Qual?

520.

M, vizinho de N, reparou que o terreno deste contíguo ao seu, era de melhor qualidade agrícola.

Numa noite escura, **M** arrancou o marco que delimitava ambas as propriedades e colocou-o dois metros mais longe, apoderando-se assim de uma parte de terreno de **N**.

Que ilicitude praticou **M**?

521.

Q, com o propósito de obter avultada quantia em dinheiro de **P,** vendeu-lhe um anel de ferro banhado em ouro, que **P,** pensou tratar-se efectivamente de um anel de ouro, pois que **Q,** lhe garantiu ser um anel feito exclusivamente de ouro e, **P,** estava interessado exclusivamente num anel apenas de ouro.

P, desembolsou avultada quantia devido ao peso do anel.

Que crime cometeu **Q**?

522.

R, encontrava-se a negociar com S, a venda de um automóvel, em mau estado de mecânica, mas devidamente disfarçado, e com aparência de estar em perfeitas condições de funcionamento, de forma a que perante a conversa de R, e a aparência limpa e lustrosa do veículo, S, estava na disposição de adquiri-lo pelo preço pedido que R, apresentava como o correspondente ao estado do carro e que era desproporcionadamente superior ao que o veículo, naquele estado, efectivamente valia.

Apareceu entretanto T, amigo de S, que R, sabia ser mecânico de automóveis.

R, ao vê-lo, pôs o carro a funcionar e saiu do local dizendo a R, que já era tarde, que apareceria noutra altura para negociar.

Como caracteriza juridicamente a actuação de R? Justifique.

523.

T, empresário da construção civil, querendo expandir a sua actividade para o terreno de U, onde se encontrava implantada a casa de habitação deste, já em estado de alguma deterioração, e, sabendo que a mesma se encontra segurada, pegou fogo, sem ser visto, à casa de U, a fim de que este recebesse o valor seguro, na convicção de que, ou venderia o terreno a T, para construção, ou contrataria consigo a construção de nova casa.

U, recebeu na verdade o valor seguro da casa ardida.

Mas a companhia de seguros soube que T, fora o autor do incêndio. *Quid Juris?*

524.

A, entrou no comboio sem previamente ter adquirido bilhete, convencido de que iludiria o revisor e, não pagaria o preço do seu transporte.

Mas, mal tinha acabado de se sentar, apareceu o revisor que lhe pediu o bilhete.

Quid juris?

525.

V, especialista de informática, conseguiu através do seu computador, aceder, sem autorização, à base de dados do programa informática de processamento de vencimentos, e nele aumentou o montante do seu vencimento, sabendo que deste modo enriquecia ilegitimamente à custa do Estado.

Que crime cometeu **V**?

526.

X, usando um dispositivo electrónico, conseguiu que não ficassem registados os seus telefonemas, pelo que telefonava sem que lhe fosse cobrado o preço dos telefonemas que fazia, nomeadamente para o estrangeiro.

Que crime cometeu **X**?

527.

Z, em viagem turística pelo estrangeiro, e porque precisava de dinheiro, para continuar a viajar, prometeu a um cidadão estrangeiro, que lhe arranjava emprego em Portugal, pedindo logo a esse cidadão determinada quantia em dinheiro, dizendo-lhe que era para legalizar a situação dele em Portugal.

O cidadão estrangeiro, que andava à procura de emprego, acedeu e entregou logo algum dinheiro a **Z**.

Z, na posse do dinheiro, gastou-o na viagem turística, nunca mais se importando com tal cidadão estrangeiro.

Que ilicitude terá praticado **Z**?

528.

A, amante de **B**, que se encontrava recem-casado, exigiu a este a entrega de determinada quantia mensal, sob pena de informar a mulher de **B**, da situação de amantismo.

A, cometeu algum crime? Qual?

529.

Um grupo de vadios, que queria obter dinheiro à custa alheia e sem trabalhar, entrou num estabelecimento comercial de venda de loiças, e exigiu ao gerente a entrega de determinada quantia sob pena de partirem a loiça.

Como define a ilicitude de cada elemento do grupo de vadios?

530.

C, sabendo da falta de condições de segurança em determinada área da empresa onde trabalhava, exigiu aumento avultado do ordenado, sob pena de escrever um artigo para um jornal.

A empresa, porque precisava do trabalho de **C**, aumentou-lhe o ordenado como este tinha pedido.

Terá havido ilicitude no comportamento de **C**?

Exercícios Jurídicos em Matéria Criminal 195

531.

D, obrigou **E,** a acompanhá-lo a uma caixa multibanco e lá, a entregar-lhe o seu cartão multibanco, para levantamento da quantia de 80 € de que logo se apoderou.
Que crime cometeu **D**?

532.

F, estava cheio de fome.
G, informou-o que lhe traria de comer se **F**, lhe desse o anel de ouro que trazia no dedo.
F, desesperado, anuiu.
G, trouxe-lhe então dois pães, meio quilo de carne já confeccionada, e um litro de leite.
Mais tarde, **F** queixou-se de **G**.
G, já tinha vendido o anel, quando foi ouvido em inquérito. Porém **G** dispunha-se a indemnizar **F,** da diferença entre o valor da refeição e o valor do anel.
Analise juridicamente.

533.

H, sabendo que a sua empresa, de que era gerente, iria entrar em falência, comprou mercadorias a crédito que depois vendeu por preço bastante inferior ao do mercado, bem como transferiu parte dos bens móveis da empresa para o estrangeiro, para que não viessem a ser arrolados, e tencionava vendê-los no estrangeiro.
Passado algum tempo foi declarada a falência da empresa de **H.**
Quid Juris?

534.

I, comerciante de obras de arte, sempre que cada visitante ilustre comparecia no seu estabelecimento, oferecia-lhe uma peça artística.

Como **I**, começou a ser visitado por muitas pessoas ilustres, ocorreu a situação de insolvência de **I**, em consequência de excessivo número de oferta de peças artísticas.

Terá **I**, incorrido na prática de algum ilícito? Porquê?

535.

J, declarou aberta a praça para arrematação de um bem imóvel, e informou que dali a 1 hora iria fechar a praça.

Porém antes de decorrido o prazo, e como se encontrava **L**, para arrematar o bem, a quem queria favorecer, deu por encerrada a praça informando ter sido **L**, o único arrematante, a quem adjudicou o prédio.

Posteriormente, ainda dentro do prazo indicado, compareceram **M**, e **N**, também interessados.

J, disse que já tinha decorrido o prazo e, encerrado a praça.

Quid juris?

536.

O, que tinha declarado aberta a praça para arrematação de vários bens móveis, finda a hora de encerramento da mesma, concertado com **P**, e porque a mesma ficasse deserta, atribuiu os bens a **P**, por baixo valor, fazendo constar que o mesmo tinha comparecido e arrematado.

Quid juris?

537.

Q, aprestava-se a encerrar a arrematação em hasta pública, em que **R**, **S**, e **T**, tinham leiloado, pertencendo a maior oferta a **S**, ao qual foi adjudicado o bem objecto de arrematação.

Porém, **Q**, assinalou no auto um valor de oferta inferior ao declarado por **R**, e **T**, como sendo o lanço mais alto oferecido.

Quid juris?

E, se a actuação de **Q**, tivesse sido ocasionada por influência de **S**? Justifique.

538.

U, gasolineiro, com salários em atraso, encontrava-se a encher de gasóleo, no posto de abastecimento onde trabalhava, um recipiente em plástico, para amortizar a dívida, não tencionando, por isso, proceder ao seu pagamento, apesar de não estar autorizado a apoderar-se de gasóleo, sem pagar.

Como o recipiente m plástico começou a vazar, **V**, que se encontrava no local, emprestou a **U**, um recipiente idêntico, que não vazava, depois de **U**, lhe ter explicado porque estava a encher tal vasilhame.

Como define as condutas de **U**, e **V**,? Justifique.

539.

X, era gerente de uma cooperativa agrícola, que incluía também exploração pecuária.

Em determinadas alturas, para comemorar certas datas, **X**, convidava determinado número de amigos para almoçar na Cooperativa, abatendo várias cabeças de gado para o efeito.

Em consequência desses abates para tal finalidade, a cooperativa ressentia-se economicamente.

Quid Juris?

540.

Como havia muitos jovens desempregados, à procura de emprego, **Z**, oferecia-lhes emprego intentando recrutá-los para prestarem serviço militar a favor de um Estado estrangeiro.
Quid Juris?

541.

A, e **B**, desenvolviam actividades de propaganda a favor de determinada religião, incitando à discriminação contra as outras religiões.
Quid Juris?

542.

C, a propósito dos desacatos havidos em determinado bairro social, enviou um artigo para um jornal onde afirmava que tais desacatos deviam-se à actuação de um grupo de determinada raça, que identificava.
Quid juris?

543.

D, ao interrogar **E**, que se encontrava grávida, não permitiu que a mesma se sentasse durante o interrogatório.

E, queixou-se imediatamente, após o interrogatório ao superior hierárquico de **D**, mas o superior hierárquico retorquiu que **D**, habitualmente interrogava os suspeitos, sem os mandar sentar.

Que comentário jurídico-criminal se lhe oferece aduzir?

Exercícios Jurídicos em Matéria Criminal 199

544.

F, que se encontrava casado com **G**, divorciou-se de **G** em Inglaterra, e, posteriormente, casou-se, em Portugal, com **H**.
Cometeu **F** algum crime? Porquê?

545.

I, na posse da sua certidão de registo de nascimento, rasurou-a de forma a não poder ler-se o seu estado de casado e, exibindo-a a **L**, com quem namorava, fazendo-se passar por solteiro, casou com ela no país estrangeiro onde ambos residiam.
Quid juris?

546.

Numa acção de regulação de poder paternal, entre os cônjuges **M**, e **N**, fora decidido que o filho menor do casal ficava confiado à guarda de **M**, sem prejuízo do direito de visitas de **N**, que podia também passar certos períodos de tempo com o menor seu filho em sua companhia.
Findo um desses períodos de tempo, em que **N**, tinha o menor à sua guarda, **N**, recusou-se a entregar o mesmo menor ao outro progenitor **M**.
M, apresentou queixa criminal.
Quid juris?

547.

O, empresário, pai de **P**, desempregado, já maior, recusou-se a sustentar o seu filho, alegando que sendo ele já maior, fosse trabalhar, para ganhar o seu sustento, tanto mais que podia trabalhar na empresa do pai.

Mas, **P**, que gostava de ver filmes, navegar na *Internet* e jogar, deitava-se tarde, pela madrugada e levantava-se pela tarde, não estava disposto a trabalhar, porque se trabalhasse ponha em perigo o modo de vida que vinha levando, ou não teria vagar para dormir.

Descortina alguma ilicitude? Justifique a resposta.

548.

Q, crente de determinada religião, ao passar pelo largo principal da sua vila, que àquela hora se encontrava com várias pessoas, cruzou-se com **R**, que, em voz alta começou a escarnecer de **Q**, por ser crente dessa religião, de forma a que conseguiu que as pessoas que circulavam no largo, parassem para observar o que acontecia.

Quid Juris?

549.

S, **T**, e **U**, dirigiram-se a um cemitério, e escreveram nas campas palavras de propaganda política.

Houve alguma ilicitude em tal comportamento? Porquê?

550.

Quando um padre proferia a homilia na igreja, um grupo de assistentes, começou a discordar em voz alta, do sacerdote, e a interpelá-lo sobre o que dizia, de forma que impedia o sacerdote de continuar a sua homilia.

Quid juris?

551.

V, abriu a sepultura de **X**, para se certificar se era **X,** quem lá se encontrava.

Que ilicitude praticou **V**?

552.

Quando um cortejo fúnebre se dirigia para o cemitério, ao chegar lá, não conseguiu entrar, pois encontrou as portas fechadas a cadeado e o coveiro de espingarda empunhada, evitando que retirassem o cadeado, alegando que se encontrava em greve, por não ter sido ainda aumentado no seu vencimento.

Cometeu o coveiro algum crime? Qual? Porquê?

553.

Z, na posse do bilhete de identidade de **Y**, resolveu a partir daí fazer-se passar por **Y**, e assim, colocou a sua fotografia no bilhete de identidade de **Y**.

Como analisa o comportamento de **Z**?

554.

A, que se encontrava acampada com **B**, quando este dormia, subtraíu-lhe do bolso do casaco, sem autorização, um cheque da conta bancária de **B**, e, na posse do cheque, após nele por imitação, a assinatura de **B** e, preencheu o cheque com determinada quantia, dirigindo-se ao Banco para ser descontado.

Quid Juris?

555.

C, apoderou-se do motociclo de **D**, contra a vontade deste e, retirou-lhe a chapa de matrícula, que substituiu por outra de um motociclo de sua propriedade que se encontrava na sucata.

Quid juris?

556.

F, que tinha uma viagem de negócios marcada na data em que devia comparecer em Tribunal para depor, e como não tencionava comparecer nem desejava que lhe injustificassem a falta, dirigiu-se ao seu médico **G**, e após o inteirar da situação, **G**, passou-lhe um atestado médico dizendo que **F**, não podia comparecer nessa data por se encontrar doente, em tratamento fora da área do tribunal.

Solicitada a confirmação à entidade policial, esta informou que nessa data tinha sido visto **F**, deslocar-se no seu veículo automóvel.

Quid Juris?

557.

H, com intenção de pôr em circulação as moedas de 5 cêntimos, pelo valor de 50 cêntimos, alterou-lhes o valor facial e a cor.

Que crime cometeu **H**?

558.

I, fotocopiou várias notas de 5 €, com intenção de as pôr em circulação em bares de grande movimento.
Que crime cometeu **I**?

559.

J, tirou fotocópia de um bilhete da lotaria nacional e vendeu-a a um cidadão estrangeiro, fazendo-lhe crer ser o bilhete verdadeiro.
Que crime cometeu **J**?

560.

L, vendo que na carta que enviara para o estrangeiro, e que lhe foi devolvida, o selo postal só levemente num dos lados, indiciava ter sido carimbado, removeu o sinal de utilização e, tornou a usar o mesmo selo noutra correspondência em que o selo era de igual valor.
Quid Juris?

561.

M, dono de um posto de abastecimento de combustíveis, alterou a correspondência da quantidade de combustível inerente ao valor do abastecimento solicitado, de forma a que fosse inferior ao indicado e efectivamente pago.
Que crime terá cometido?

562.

N, foi interceptado pela entidade policial, na sua tipografia, a cortar papel idêntico e no formato utilizado para impressão de moeda, e, na posse de instrumentos idóneos ao fabrico de moeda.

Quid juris?

563.

O, queria construir um prédio urbano no seu terreno, contíguo com a residência do seu vizinho **P**.

Uma vez que o terreno de **O**, era muito rochoso, **O**, começou por utilizar explosivos, para desbastar e nivelar as rochas, nem sequer pensando que naquelas circusntâncias, poderia ocorrer prejuízo para a casa de **P**, com tais explosões.

E, efectivamente, durante um rebentamento de explosivos, várias paredes da residência de **P**, abriram fendas.

Como comenta jurídico-criminalmente a conduta de **O**?

564.

Q, encontrara na sucata um cano de uma espingarda de caça e, um tambor de um revólver usado por entidades policiais, levando tais peças consigo.

Um agente de autoridade que naquele preciso momento passava no local, apercebendo-se do facto, apreendeu os referidos objectos a **Q**.

Terá **Q**, cometido algum crime? Fundamente a resposta.

Exercícios Jurídicos em Matéria Criminal

565.

Numa viagem de trabalho, **R**, adquiriu um instrumento destinado a montagem de escuta telefónica do seu telefone, para saber as chamadas que ocorriam na sua ausência.
Que se lhe oferece comentar?

566.

S, encarregado de fazer o projecto de determinada torre, enganou--se nos cálculos, pelo que quando a torre, estava quase construída, ruiu.
Comente.

567.

T e U, agricultores e, também caçadores, face aos prejuízos que os javalis vinham causando nas sementeiras, resolveram, por sua iniciativa, efectuar batidas frequentes aos javalis, na zona onde habitavam, afim de eliminarem os mesmos dessa região.

Devido à quantidade de batidas ocorridas, **T e U**, conseguiram eliminar os javalis daquela área.

Como considera a actuação de **T e U**? Justifique.

568.

Durante a noite, **V, X , Y e Z**, efectuavam treinos de voo, afim de prepararem-se para um festival aéreo, e, em determinada altura efectua-vam um voo rasante, sobre certa localidade, causando barulho ruidoso

com a aceleração dos motores das avionetas, que não deixava dormir os habitantes dessa localidade.
Quid Juris?

569.

A, lançava os dejectos da sua exploração de suínos num riacho que ia desaguar a um rio conhecido.
Jurídico-criminalmente poderia fazê-lo? Justifique.
Suponha que em determinada dia de calor, em que o caudal era diminuto e os dejectos em quantidade, o lançamento destes, ocasionou cheiro nauseabundo e, mais tarde apareceram peixes mortos nesse rio.
Quid Juris?

570.

B, encontrava-se com gripe, mas como era o único médico naquela terra e havia grande quantidade de pessoas a necessitar de assistência médica, **B,** continuou a atender as pessoas que se lhe dirigiam.
Várias dessas pessoas, após saírem da consulta, começaram a sentir os efeitos da gripe.
Quid Juris?

571.

C, prostituta, era portadora do vírus da sida e mantinha relações sexuais com os clientes sem os informar de que estava infectada.
Quid Juris?

Exercícios Jurídicos em Matéria Criminal 207

572.

Uma empregada de farmácia, ao ler o receituário de um cliente, confundiu o medicamento prescrito com um outro medicamento, de nome parecido, mas destinado a fins opostos ao indicado na receita, e entregou este ao cliente.
Como analisa a situação?

573.

D, conduzia o seu veículo automóvel sob influência de álcool, pela metade direita da estrada.
Quid juris?

574.

Quando o comboio passou por **E**, que se encontrava junto à linha, **E**, atirou com algumas pedras contra as janelas das carruagens.
Que crime cometeu **E**?

575.

F, que tinha bebido álcool em excesso, na discoteca, na companhia do seu namorado, arranhou-o, à saída, quando este, pegou nela ao colo para a transportar para o seu automóvel.
Analise jurídico-criminalmente a situação.

576.

I, que se encontrava desempregado, mandava **L**, seu filho de 12 anos, mendigar pelas ruas da cidade.
Quid Juris?

577.

G, J, e **H,** associaram-se para a prática de crimes de furto e de roubo, admitindo que pudessem empregar meios de qualquer natureza para o efeito, e deliberaram que **J,** seria o chefe.
Quid Juris?

578.

M, N O, envolveram-se em discussão, numa reunião pública, e comparecendo a entidade policial que lhes ordenou que se retirassem dessa reunião, sob pena de incorrerem no crime de desobediência, não acataram a ordem, invocando o direito de manifestação.

Como os ânimos se exaltaram, os referidos indivíduos e, outros, que se encontravam presentes nessa reunião, envolveram-se em zaragata uns com os outros, tendo **M**, disparado tiros de pistola para o ar.

Interveio a entidade policial que pôs termo aos confrontos.

Analise a situação.

579.

Num comboio em andamento, um passageiro que não tinha comprado bilhete, e que tencionava sair em determinada parte do percurso, onde o comboio não parava, accionou o sinal de alarme para fazer parar o comboio e sair no local pretendido.

Quid Juris?

580.

Durante a época da caça, sempre que **P,** e **Q,** iam caçar, vestiam camisa e calças idênticas às usadas por militares em serviço.

Cometeram **P,** e **Q,** algum crime?

581.

R, trabalhador-estudante, pois era professor e encontrava-se a tirar o curso de teologia, apresentou-se a um exame vestido de sacerdote.

Cometeu **R** algum crime? Justifique.

582.

S, português, que se encontrava a residir no estrangeiro, começou a publicar artigos num jornal, no sentido de que determinada área territorial de Portugal devia ser independente.

Como define jurídico-criminalmente a conduta de **S**?

583.

T, numa entrevista a determinada estação de rádio, teceu críticas depreciativas e jocosas, sobre certo símbolo de um país estrangeiro.
Quid Juris?

584.

U, acabava de destruir o vidro da montra de um estabelecimento comercial, quando foi surpreendido por agente de autoridade.

U, intentou a fuga, e, ao ver que era perseguido pelo referido agente, **U,** agarrou na pistola que trazia consigo e disparou tiros contra o agente de autoridade, não o atingindo, para evitar que o mesmo agente o perseguisse.
Quid Juris?
E, se o agente de autoridade tivesse sido atingido por **U**?

585.

V, funcionário público, tinha intenção de interromper a sua actividade, pois que lhe tinha sido oferecido emprego numa importante empresa privada.

V, resolveu aceitar o emprego nessa empresa privada e, deixou de mostrar interesse no cumprimento do serviço público ainda a seu cargo, que começou a acumular-se.
Comente.

Exercícios Jurídicos em Matéria Criminal   211

586.

X, funcionário de serviços dos correios, telégrafos e telefones, durante um jantar, contou aos seus familiares, o conteúdo de algumas comunicações telefónicas de que teve conhecimento nesse exercício de suas funções.
Quid Juris?

587.

Y, empregado nos serviços dos correios, telégrafos e telefones, no exercício de suas funções, abriu uma carta e, ao lê-la, deparou com a revelação de um segredo de confecção de determinada iguaria.

Y, posteriormente, a troco de dinheiro, entregou a uma revista da especialidade o teor do segredo de que se apercebera ao ler a carta.
Quid juris?

588.

Numa situação anómala de intempérie, os Bombeiros, requisitaram funcionários aos serviços municipalizados camarários, para resolverem situações urgentes, que os Bombeiros não conseguiam debelar.

Tais funcionários não compareceram porque os serviços municipalizados entendiam que tinham outras prioridades.

Que lhe parece?

589.

Z, foi a determinado serviço público pagar uma determinada contribuição que reputava em determinada quantia, comunicando ao empregado que perdera o aviso, mas que fixara a quantia a pagar.

O empregado desse serviço público ao dar-se conta do erro de **Z**, cobrou-lhe a quantia declarada por este, apropriando-se da diferença.

Que crime cometeu **Z**?

590.

Um agente de autoridade, deparou que **B**, cedia estupefacientes a vários jovens na rua por onde transitava.

B, ao ver o agente de autoridade fugiu e refugiou-se numa casa próxima.

Contudo o agente de autoridade, correu, tocou a campainha da porta dessa casa, e, mal o dono **C**, abriu a porta, o agente de autoridade, avançou pela casa dentro, entrando nos quartos, vindo a deter **B**, na cozinha, já sem droga.

Quid juris?

591.

Num concurso publico de empreitada de determinada obra, e havendo vários concorrentes, a entidade responsável pela selecção, seleccionou o concorrente que lhe prometeu entregar uma quantia elevada se fosse o seleccionado, quando havia outros concorrentes que executariam a empreitada a menor custo.

Como considera a situação?

Exercícios Jurídicos em Matéria Criminal

592.

D, funcionário num determinado serviço público e com veículo automóvel desse serviço, para o uso de suas funções, emprestava com frequência o mesmo veículo a uma pessoa amiga, para ir fazer compras ao supermercado.
Comente.

593.

E, empregado bancário, encarregado das operações de caixa, num determinado dia, porque precisasse de dinheiro com urgência, para a sua vida particular, pois só iria receber o seu vencimento daí a dois dias, retirou dinheiro do banco, para acorrer a essa urgência, tendo-o reposto logo que recebeu o ordenado.
Quid juris?

594.

F, empresário da construção civil, prometeu a **G**, funcionário municipal, que lhe pagaria uma deslocação ao estrangeiro, se desse andamento urgente ao seu pedido de autorização de loteamento e, viesse a ser aprovado.
F, aceitou.
Quid Juris?

595.

H, agente de fiscalização do trânsito, encontrava-se a tomar conta da ocorrência de um acidente, encontrando-se no local apenas um dos condutores.

Quando H, tencionava realizar o teste de alcoolemia a esse condutor, este ofereceu determinada quantia a H, para que desse como feito tal teste e, com resultado negativo.

H, aceitou e não efectuou o teste de alcoolemia.

Quid Juris?

596.

Num inquérito que se encontrava a decorrer, a comunicação social propagou o conteúdo das declarações prestadas por um dos intervenientes, por o próprio ter contado á comunicação social.

Quid juris?

597.

I, encontrava-se fugido à justiça, sabendo que havia mandado de captura para o prender.

J, amigo de I, sabendo do caso, albergou I, para não ser preso.

Que crime cometeu J?

598.

M, para se divertir, comunicou à entidade policial que estavam a assaltar uma padaria, o que sabia não ser verdade.
Que crime cometeu **M**?

599.

N, de relações cortadas com **O**, participou à entidade policial, que tinha visto **O**, conduzir um veículo parecido com aquele que nessa data tinha sido subtraído ao legítimo dono e posteriormente abandonado na estrada.
Era do conhecimento de **N**, que **O**, não tinha carta de condução nem sabia conduzir automóveis.
Que comentários tece á actuação de **N**?

600.

Fazendo-se passar por agentes fiscalizadores de trânsito, dois indivíduos vestiram uniforme idêntico ao da entidade policial e foram para a estrada fazer uma operação STOP.
Que crime cometeram?

601.

Tinha sido afixado um edital por funcionário competente, em determinado estabelecimento público.

A empregada de limpeza ao limpar o estabelecimento, rasgou involuntariamente o edital, acabando por retirá-lo e, depositou-o no cesto dos papéis.

Cometeu a mulher da limpeza algum crime? Justifique a resposta.

602.

P, encarregado de vigiar um preso à sua guarda, adormeceu, e, o preso fugiu.

Que ilicitude terá praticado **P**? Justifique.

603.

Q, que se encontrava a cumprir pena, em determinado dia evadiu-se. Porém , mais tarde, arrependeu-se e entregou-se às autoridades.

Que comentário se lhe oferece apresentar?

604.

R, tinha sido nomeado depositário de um lote de garrafas de vinho de determinada marca.

A entidade competente selou esse lote, devidamente acondicionado, após ter levado uma delas para análise laboratorial.

R, durante um jantar com amigos, retirou o selo do mesmo lote e beberam algumas garrafas desse vinho.

Quid Juris?

605.

C, fora condenado pelo crime de ofensa à integridade física simples, em 60 dias de multa, a 3 euros, a que correspondiam 40 dias de prisão subsidiária.

C, não pagou a multa e tinha já cumprido 6 dias de prisão subsidiária, quando se dispôs a liquidar a multa ainda não paga.

Que montante deveria pagar **C**, para evitar o cumprimento da pena subsidiária?